VOCÊ
NÃO ESTÁ
SOZINHO

Max Lucado

VOCÊ NÃO ESTÁ SOZINHO

Coloque sua vida nas mãos de Deus e alcance a verdadeira felicidade

Tradução de Érika Koblitz Essinger

Rio de Janeiro — 2021

Título original
It's Not About Me

Copyright © 2004 por Max Lucado
Edição original por Thomas Nelson, Inc. Todos os direitos reservados.
Copyright da tradução© Vida Melhor Editora LTDA., 2010

EDITOR RESPONSÁVEL	*Julio Silveira*
SUPERVISÃO EDITORIAL	*Clarisse de Athayde Costa Cintra*
PRODUTORA EDITORIAL	*Fernanda Silveira*
CAPA	*Julio Moreira*
TRADUÇÃO	*Érika Koblitz Essinger*
REVISÃO	*Margarida Seltmann*
	Magda de Oliveira Carlos Cascardo
	Joanna Barrão Ferreira
PROJETO GRÁFICO E DIAGRAMAÇÃO	*Julio Fado*

CIP-BRASIL. CATALOGAÇÃO NA FONTE
SINDICATO NACIONAL DOS EDITORES DE LIVROS, RJ

L965v

Lucado, Max, 1955-
   Você não está sozinho: coloque sua vida nas mãos de Deus e alcance a
verdadeira felicidade / Max Lucado; [tradução Érika Koblitz Essinger]. - Rio de
Janeiro: Thomas Nelson Brasil, 2010.

   Tradução de: It's not about me
   ISBN 978-85-7860-074-7

   1. Homem (Teologia) - Cristianismo. I. Título.

10-1341.   CDD: 248.4
                 CDU: 2-4

Thomas Nelson Brasil é uma marca licenciada à Vida Melhor Editora LTDA.
Todos os direitos reservados à Vida Melhor Editora LTDA.
Rua da Quitanda, 86, sala 218 – Centro – 20091-005
Rio de Janeiro – RJ – Brasil
Tel.: (21) 3175-1030
www.thomasnelson.com.br

Para Kenny e Sharon Wilson

Talvez haja um casal mais agradável no mundo,
mas ainda não os conheci.
Por nossa amizade, fé e poucos hambúrgueres,
Denalyn e eu agradecemos.
Dedicamos com alegria este livro a vocês:
Duas pessoas que, por já terem vivido tudo isso,
não precisam lê-lo.

Sumário

Agradecimentos	9
Prefácio	13

Parte I - O Deus que pondera

Capítulo 1. Acabe com o egocentrismo da vida	15
Capítulo 2. Mostre-me sua glória	23
Capítulo 3. Autopromoção divina	29
Capítulo 4. Diferença sagrada	35
Capítulo 5. Só um momento	43
Capítulo 6. Sua mão inalterável	49
Capítulo 7. O grande amor de Deus	55

Parte II - O Deus que promove

Capítulo 8. Os espelhos de Deus	63
Capítulo 9. Minha mensagem é sobre ele	69

Capítulo 10. Minha salvação vem dele   75

Capítulo 11. Meu corpo é para ele   81

Capítulo 12. Minhas batalhas são dele   87

Capítulo 13. Meu sucesso é para ele   95

Capítulo 14. Pensamento elevado   101

Notas   107

Guia de estudo   111

Agradecimentos

EM UM DIA DE VERÃO, NO FINAL dos anos noventa, esbarrei com um amigo no *hall* de um hotel. Nosso último encontro havia acontecido um ano antes. Ele tinha alguns minutos e eu, um estômago vazio. Então, compramos sanduíches, procuramos uma mesa, e nos sentamos. "O que Deus tem lhe ensinado este ano?" Minha pergunta estava completamente livre de expectativas. Mas a resposta dele me deu mais que um sanduíche para mastigar.

"O que ele tem me ensinado este ano?" ele refletiu. "Ele tem me ensinado que 'Não é sobre mim'."

Essa resposta estimulou reflexões suficientes para que se transformassem em uma série de mensagens e, eventualmente, neste livro. Então me parece correto fazer uma pausa e agradecer à Sealy Yates. Obrigado por ter dividido o pensamento comigo. Mais importante que isso, obrigado por ter dado forma a ele.

Sealy não é o único a tornar este trabalho possível. Aqui estão alguns outros:

Liz Heaney e Karen Hill — Vocês tão habilidosamente recriam, clareiam. Graças a vocês, este livro e aquele que o escreve estão em sua melhor forma.

Steve e Cheryl Green — Obrigado por conduzirem minha vida e por serem nossos amigos. Esse companheirismo significa muito mais do que posso expressar com palavras.

Byron Williamson, Joey Paul e toda a equipe da *Integrity* — Parabéns pelo lançamento. Fiquei honrado por participar.

Minha família do *Peak of the Week* — Vocês me deixaram usá-los como cobaias neste livro. Vocês foram muito gentis ao ficarem acordados.

Carol Bartley — Ninguém faz melhor. Seu talento para a precisão gramatical nos deixa admirados.

Dwight Edwards — O livro *Revolution Within* juntou os pontos para mim.

John Piper — Ler *O legado da alegria soberana* foi como conhecer o sistema solar pela primeira vez. Obrigado por me lembrar qual o meu lugar.

Dean Merrill — Obrigado por pautar os fatos tão graciosamente.

Rick Atchley — Obrigado pelas mensagens e por ser um amigo tão maravilhoso.

Charles Prince — Obrigado por desatar nós teológicos e por dividir uma vida de conhecimentos.

Jenna, Andrea e Sara — minhas filhas, meus tesouros.

Denalyn, minha esposa — Viena tinha Mozart. Eu tenho você. Que música você traz para minha vida...

E meu maior agradecimento a você, Autor da vida. Que Deus maravilhoso você é. Trata-se plenamente de você. Ponto final.

E todos nós...
Segundo a sua imagem, estamos sendo transformados com glória
cada vez maior, a qual vem do Senhor, que é o Espírito.
2 Coríntios 3:18

Prefácio

OS TIMES DO CAMPEONATO DA NBA têm algo em comum: eles jogam tendo um objetivo em mente. Cada jogador contribui com seu dom e seus esforços para que o objetivo maior — ganhar — possa ser alcançado. Mas jogadores que procuram sua própria glória usando o sacrifício do time terminam por se distanciar do sucesso. Assim acontece também na vida. O objetivo não é nossa própria glória. Na verdade, tentar fazer com que a vida seja "sobre nós" joga a felicidade para longe de nosso alcance.

Nossa sociedade não está ligada a esse tipo de pensamento. É um mundo "egocêntrico" lá fora, que destrói muito do que poderia ser bom. Casamentos são arruinados porque um ou ambos os parceiros estão focados em sua própria felicidade. Homens e mulheres bem-sucedidos são arruinados pelo próprio sucesso, acreditando que eles não precisam da opinião de ninguém. E, para alguns, os problemas da vida se tornam maiores porque acreditam que a vida é sobre eles mesmos.

A Bíblia está repleta de homens e mulheres que lutaram com o modo "egocêntrico" de pensar, então nossa geração não está sozinha. Se aprendêssemos com eles, nós viveríamos em liberdade.

Seríamos capazes de curtir nossos sucessos sem ficar com os créditos, como o Rei Davi. Iríamos suportar problemas com a confiança em Deus, como Jó. Estaríamos livres de horários e agendas, como fez Moisés; iríamos descobrir que os planos de Deus são incríveis. Finalmente, um estilo de vida "centrado em Deus" iria nos libertar para que vivêssemos a vida ao máximo.

Meu amigo Max Lucado tem anos de experiência como seguidor de Deus, é por isso que estou feliz em recomendar este livro. Se você quiser uma ótima refeição, lhe recomendarei um ótimo *chef*. Mas se você quiser aprender sobre os caminhos do Senhor, irei lhe recomendar alguém que já anda com ele há um longo tempo.

Max é um homem maravilhoso; o Senhor preparou-o exatamente para este propósito. Eu o encorajo a ler com o coração aberto enquanto Max divide a alegria de ter uma vida centrada em Deus.

Que Deus nos liberte de viver "egocentricamente". Toda a glória é dele.

— David Robinson
Ex-jogador da NBA

Capítulo 1

Acabe com o egocentrismo da vida

CULPE COPÉRNICO PELO fim do egocentrismo.

Até o aparecimento de Copérnico em 1543, nós, terrestres, gozávamos de um estágio centralizador. Os pais colocavam o braço em volta de seus filhos, apontavam para o céu à noite e falavam com propriedade: "O universo gira em torno de nós."

Ah, o centro da roda planetária, o umbigo do corpo celeste, a Avenida Pensilvânia número 1600* do cosmos. A descoberta de Ptolomeu no século II nos convenceu. Enfie um alfinete no centro do mapa estelar, e você acaba de achar a Terra. O centro de tudo.

E mais ainda, completamente imóvel! Deixe que os outros planetas vagueiem pelos céus. Nós não. Não senhor. Nós ficamos alerta. Tão previsíveis quanto o Natal. Não orbitamos. Não gira-

---

* *1600 Pennsylvania Avenue* é o endereço onde está a Casa Branca. (N.T.)

mos. Alguns planetas instáveis giram 180 graus de um dia para o outro. O nosso não. Tão imóvel quanto o Rochedo de Gibraltar. Vamos aplaudir calorosamente a Terra, a âncora do universo.

Mas então veio Nicolau. Nicolau Copérnico com seus mapas, desenhos, nariz macilento, sotaque polonês e perguntas intrigantes. Ah, aquelas perguntas que ele fazia.

"Com licença, alguém pode me dizer o que faz com que as estações mudem?"

"Por que algumas estrelas aparecem durante o dia e outras à noite?"

"Alguém sabe exatamente até onde os navios podem navegar sem cair pelos cantos da Terra?"

"Trivialidades!", as pessoas zombavam. "Quem tem tempo para esse tipo de problema? Sorriam e acenem. A rainha dos céus tem problemas mais urgentes para se importar."

Mas Copérnico persistiu. Ele deu tapinhas em nossos ombros e limpou a garganta. "Perdoem minha proclamação, mas...", e apontando um dedo solitário em direção ao sol, anunciou, "contemplem o centro do sistema solar."

As pessoas negaram os fatos por mais de meio século. Quando Galileu compartilhou a mesma opinião, o trono o encarcerou e a igreja o excomungou. Você poderia até pensar que ele havia chamado o rei de bastardo ou o Papa de Batista.

As pessoas não lidavam bem com rebaixamentos naquela época.

Nós ainda não lidamos.

O que Copérnico fez pela Terra, Deus faz por nossa alma. Dando tapinhas nos ombros da humanidade, ele aponta para o Filho — seu Filho — e diz: "Contemplem o centro de tudo."

"Esse poder ele exerceu em Cristo, ressuscitando-o dos mortos e fazendo-o assentar-se à sua direita, nas regiões celestiais, muito acima de todo governo e autoridade, poder e domínio, e de todo nome que se possa mencionar, não apenas nesta era, mas também na que há de vir. Deus colocou todas as coisas debaixo de seus pés e o designou cabeça de todas as coisas para a igreja"(Efésios 1:20-22).

Quando Deus olha para o centro do universo, ele não olha para você. Quando os operários do teatro celeste apontam o canhão de luz para a estrela do show, eu não preciso de óculos escuros. Nenhuma luz recai sobre mim.

Somos estrelas menores. Apreciadas. Valorizadas. Carinhosamente amadas. Mas centrais? Essenciais? Cruciais? Não. Desculpe. Contrariando o Ptolomeu que existe em nós, o mundo não gira ao nosso redor. Nosso conforto não é a prioridade de Deus. Se for, algo está errado. Se somos o centro de tudo, como poderemos explicar desafios como morte, doenças, depressões na economia, ou terremotos estrondosos? Se Deus existe para nos satisfazer, então não teríamos que estar sempre satisfeitos?

O que Copérnico fez pela Terra, Deus faz por nossa alma.

Poderia uma mudança "Copérnica" acontecer? Talvez nosso lugar não seja no centro do universo. Deus não existe para fazer grandes coisas de nós. Nós existimos para fazer grandes coisas dele. Não é sobre você. Não é sobre mim. É tudo sobre ele.

A lua exemplifica nosso papel.

O que a lua faz? Ela não gera luz. Ao contrário do que diz a música, a lua não brilha.* Se separada do sol, a lua nada mais é que uma rocha marcada, completamente negra. Mas, posicionada apropriadamente, a lua radia. Deixe-a fazer aquilo que ela foi desti-

---

* O autor se refere à música de Sarah Harmer, *Shine on Harvest Moon*. (N.T.)

nada para fazer, e um punhado de areia se transforma em fonte de inspiração, em romance. A lua reflete uma luz maior.

E ela está feliz em fazê-lo! Você nunca vai ouvir a lua se queixar. Ela não reclama por não ser a grande estrela. Deixa carneirinhos pularem sobre ela e astronautas pisarem em seu solo; ela nunca se nega. Mesmo quando se exalta o sol e se faz piadas sobre a lua, você não ouvirá a velha "cara de queijo" reclamar. A lua está em paz com seu lugar. E porque ela está em paz, a luz suave toca sua terra escura.

O que aconteceria se aceitássemos nosso lugar como refletores do filho de Deus?

No entanto, tal mudança só ocorre de forma obstinada. Nós temos exigido nosso caminho e batido o pé desde a infância. Será que nascemos com um defeito na placa mãe em se tratando de egoísmo? *Quero um parceiro que me faça feliz e colegas que sempre perguntem a minha opinião. Quero um clima que me apeteça, um trânsito que me ajude e um governo que me sirva. Tudo é sobre mim.* Identificamo-nos com a propaganda que tenha como manchete "Para o homem que acredita que o mundo gira em torno dele." Uma atriz proeminente justificou sua aparição em uma revista pornô dizendo: "Queria me expressar."

Autopromoção. Autopreservação. Egoísmo. Tudo é sobre mim!

As pessoas nos disseram que era assim, não disseram? Não fomos criados para sempre estar entre os primeiros? Encontrar seu lugar ao sol? Fazer seu nome? Acreditamos que a autocelebração nos faria feliz...

Mas que caos essa filosofia cria. E se uma orquestra sinfônica seguisse apenas um instrumento? Você consegue imaginar como seria uma orquestra "Tudo é sobre mim"? Cada artista clamaria por autoexpressão. Tubas soprando sem parar. Percurssionistas batucando para conseguir atenção. O violoncelista empurrando o flautista

Acabe com o egocentrismo da vida

da cadeira. O trompetista tocando no lugar do maestro. As partituras desrespeitadas. O maestro ignorado. O que você teria além de uma interminável sessão de afinamento de instrumentos?

Harmonia? Dificilmente.

Alegria? Estão os músicos felizes por estarem no grupo? De forma alguma. Quem gosta de contribuir com a desafinação?

Você não gosta. Nós não gostamos. Não fomos feitos para viver dessa forma. Mas não somos culpados por fazer exatamente isso?

Não é surpresa que nossos lares sejam tão barulhentos, que o trabalho seja tão estressante, que o governo seja tão corrupto e que a harmonia seja tão rara. Se você achar que tudo é sobre você, e eu achar que tudo é sobre mim, não há esperança de existir uma melodia. Perseguimos tantos cachorros magros que perdemos o que realmente importava: uma vida centrada em Deus.

O que aconteceria se assumíssemos nosso papel e fizéssemos nossa parte? Se tocássemos a música que o Maestro nos designou a tocar? Se fizéssemos da música dele nossa maior prioridade?

> A vida centrada em Deus funciona. E nos resgata de uma vida que não funciona.

Veríamos uma mudança nas famílias? Certamente *ouviríamos* uma mudança. Menos "Aqui está o que eu quero!", e mais "O que você acha que Deus quer?"

E se um homem de negócios utilizasse essa abordagem? Os projetos de lucros exorbitantes e de construção de um nome seriam engavetados. A reflexão em Deus iria dominar.

E seu corpo? O pensamento de Ptolomeu diz: "É meu; eu irei desfrutá-lo." Um pensamento centrado em Deus reconhece: "É de Deus; tenho que respeitá-lo."

Veríamos nosso sofrimento de forma diferente, "Minha dor prova a ausência de Deus" seria substituído por "Minha dor expande o propósito de Deus."

Trata-se de uma mudança Copérnica. Uma mudança saudável. A vida faz sentido quando aceitamos nosso lugar. A dádiva do contentamento, o propósito dos problemas — tudo para ele. A vida centrada em Deus funciona. E nos resgata de uma vida que não funciona.

Mas como fazemos a mudança? Como podemos acabar com o egocentrismo? Participando de um seminário, uivando para a lua, lendo um livro do Lucado? Nenhuma das alternativas (apesar de o autor apreciar a última opção). Nós mudamos o foco em mim para o foco em Deus, refletindo sobre ele. Testemunhando-o. Seguindo o conselho do apóstolo Paulo: "E todos nós, que com a face descoberta contemplamos a glória do Senhor, segundo a sua imagem estamos sendo transformados com glória cada vez maior, a qual vem do Senhor, que é o Espírito" (2 Coríntios 3:18).

Contemplá-lo nos muda. Não poderíamos usufruir da mudança? Vamos dar uma chance. Quem sabe? Podemos terminar descobrindo nosso lugar no universo.

Parte I

O Deus que pondera

Capítulo 2

Mostre-me sua glória

UM MOISÉS ANSIOSO IMPLORA por ajuda, "[Deus] Tu me ordenaste: 'Conduza este povo', mas não me permites saber quem enviarás comigo... Andarás conosco ou não?" (Êxodo 33:12-16)

Você dificilmente pode culpá-lo por seus medos. Rodeado primeiro pelos israelitas que queriam tomar o Egito e depois por um deserto de ventos quentes e pedregulhos flamejantes, o ex-pastor precisava de garantias. Seu Autor a oferece. "Eu mesmo o acompanharei... Farei o que me pede, porque tenho me agradado de você e o conheço pelo nome" (Êxodo 33:14, 17).

Você pode pensar que essa resposta foi suficiente para Moisés, mas ele hesitou. Pensando, talvez, na última frase, "Farei o que me pede...". Talvez Deus vá conceder mais um pedido. Então ele engole em seco, suspira e pede...

O que você acha que ele pedirá? Ele tem a atenção de Deus. Deus parece estar disposto a ouvir suas preces. "O SENHOR falava com Moisés face a face, como quem fala com seu amigo" (Êxodo

33:11). O patriarca sente a oportunidade de pedir por qualquer coisa. Que pedido ele fará?

Ele podia fazer qualquer pedido. Que tal pedir por um milhão de pedidos? Essa é a quantidade de pessoas que Moisés podia ver por trás de seus ombros. Um milhão de pescoços compridos, mal-agradecidos e ex-escravos adoradores de vacas que resmungavam a cada passo. Se Moisés tivesse orado, "Você poderia transformar estas pessoas em ovelhas?", quem iria culpá-lo?

Ovelhas. Apenas alguns meses antes, Moisés estava naquele mesmo deserto, perto daquela mesma montanha, cuidando de um rebanho. Que diferença agora. Ovelhas não fazem exigências em um deserto ou zombam de bênçãos. E elas certamente não fazem bezerros esculpidos em ouro ou pedem para voltar para o Egito.

E sobre os inimigos de Israel? Campos de batalha aguardam mais à frente. Batalhas com hititas, jebusitas... Eles infestam a terra. Poderá Moisés montar um exército formado por hebreus construtores de pirâmides?

Farei o que você me pede...

"Será que você pode nos mandar para Canaã?"

Moisés sabia o que Deus poderia fazer. Toda a região do antigo oriente sabia. Eles continuavam falando sobre o bastão de Aarão ter se transformado em uma cobra e o Nilo ter virado um rio de sangue. O ar tão carregado de mosquitos que você poderia aspirá-los. O chão tão cheio de gafanhotos que você poderia esmagá-los ao andar. Escuridão ao meio-dia. Plantações destruídas. A pele coberta de chagas. Funerais para primogênitos.

Deus transformou o Mar Vermelho em um tapete vermelho. O maná caiu, as codornizes debandaram. A água jorrou da rocha. Deus pode mover montanhas.

De fato, ele moveu o próprio Monte Sinai onde Moisés ficou. Quando Deus falou, o Sinai tremeu, assim como os joelhos de Moisés. Moisés sabia o que Deus podia fazer.

Pior, ele sabia o que aquelas pessoas estavam propensas a fazer. Moisés as encontrou dançando ao redor do bezerro de ouro; suas recordações de Deus eram tão estáveis quanto o maná do dia anterior. Ele carregava as palavras de Deus em pedra, e os israelitas estavam venerando um animal de fazenda sem coração. Era mais do que Moisés poderia aguentar. Ele derreteu a vaca de metal no fogo, moeu seu ouro até que ele se transformasse em pó, misturou o pó na água e forçou os adoradores a bebê-la.

Quando nosso desejo mais profundo não é algo de Deus nem um favor vindo dele, mas o próprio Deus, cruzamos um limiar.

Deus havia praticamente terminado com eles para retomar com Moisés, como havia feito com Noé. Mas por duas vezes Moisés pediu por misericórdia, e duas vezes a misericórdia foi concedida (Êxodo 32:11-14, 31-32).

E Deus, tocado pelo coração de Moisés, ouve suas preces. "Eu mesmo o acompanharei, e lhe darei descanso" (Êxodo 33:14).

Mas Moisés precisa de mais. Mais um pedido. Glória. "Peço-te que me mostres a tua glória" (Êxodo 33:18).

Nós cruzamos um limite quando fazemos tal pedido. Quando nosso desejo mais profundo não é algo de Deus nem um favor vindo dele, mas o próprio Deus, cruzamos um limiar. Menos foco em nós mesmos, mais foco em Deus. Menos sobre mim, mais sobre ele.

"Mostre-me seu esplendor", Moisés ora. "Flexione seus bíceps. Deixe-me ver o S em seu peito. Sua proeminência. Sua excelência de parar o coração, de tremer o chão. Esqueça o dinheiro e o poder. Esqueça a juventude. Posso viver em um corpo que envelhece, mas não posso viver sem você. Eu quero mais Deus, por favor. Eu quero ver mais da sua glória."

Por que Moisés queria ver a grandiosidade de Deus?

Pergunte a si mesmo algo parecido. Por que você assiste ao pôr do sol e reflete sob o céu estrelado no verão? Por que procura o arco-íris após uma chuva ou admira o Grande Canyon? Por que deixa que as ondas do Pacífico o fascinem e que o Niágara o hipnotize? Como nós explicamos nossa fascinação por essas paisagens? Beleza? Sim. Mas a beleza não aponta para a beleza de alguém? A imensidão do oceano não sugere um criador imenso? Não é o ritmo migratório dos grous e das belugas uma insinuação de uma mente brilhante? E não é isso o que desejamos? Um criador bonito? Um criador imenso? Um Deus tão poderoso a ponto de poder liderar pássaros e comandar os peixes?

"Peço-te que me mostres a tua glória", Moisés implora. Esqueça um banco, ele quer ver Fort Knox.* Ele precisa de um passeio pelo cofre que abriga a riqueza de Deus. *Você me espantaria com sua força? Iria me entorpecer com sua sabedoria? Tiraria meu fôlego com uma brisa do seu? Um momento nos respingos das cataratas da graça, uma espiada de sua glória.* Essas são as preces de Moisés.

E Deus as responde. Ele coloca seu servo na fenda de uma rocha, avisando-o: "Você não poderá ver a minha face, porque ninguém poderá ver-me e continuar vivo...Eu... o cobrirei com a minha mão até que eu tenha acabado de passar. Então tirarei a minha mão e você verá as minhas costas; mas a minha face ninguém poderá ver" (Êxodo 33:20, 22,23).

E então Moisés, coberto pela sombra da palma do Senhor, espera, certamente com seu rosto abaixado e com o sangue correndo pelas veias, até que Deus dê o sinal. Quando a mão se levanta, os olhos de Moisés fazem o mesmo e se deparam com as costas distantes, quase desaparecendo, de Deus. O coração e o centro do

---

* Fort Knox é onde está situado hoje o Tesouro Americano. Estipula-se que em 2007 o lugar abrigava 4.700 toneladas de ouro e prata. (N.T.)

Mostre-me sua glória

Criador são muito para Moisés. Uma espiada esmorecida terá de satisfazê-lo. Vejo o cabelo longo e grisalho de Moisés sendo jogado para frente pelo vento e sua mão pesada se agarrando à rocha para não cair. A rajada de vento passa e seus cachos caem novamente sobre os ombros, então nós vemos o impacto daquilo. Seu rosto brilha como se iluminado por milhões de tochas. Desconhecido para Moisés, mas inegável para os Hebreus, é seu rosto luminoso. Quando ele desceu das montanhas "os israelitas não podiam fixar os olhos na face de Moisés, por causa do resplendor do seu rosto" (2 Coríntios 3:7).

Testemunhas viram: não havia raiva em seus lábios, ou preocupação em seus olhos ou uma carranca em sua face; elas viram a glória de Deus em seu rosto.

Ele tinha razão para ter raiva? Motivo para preocupações? Claro. Desafios o esperavam. Um deserto e quarenta anos de grandes desafios. Mas agora, vendo o rosto de Deus, ele pode enfrentá-los.

Perdoe meu atrevimento, mas não poderia o pedido de Moisés ser o seu pedido? Você tem problemas. Olhe para você. Vivendo em um corpo que está morrendo, andando por um planeta em decomposição, rodeado por uma sociedade egoísta. Alguns salvos pela graça, outros abastecidos pelo narcisismo. Muitos de nós vivendo ambas as situações. Câncer. Guerra. Doença.

Não existem problemas pequenos. Um deus pequeno? Não, obrigado. Você e eu precisamos do que Moisés precisou: uma espiada na glória de Deus. Tal visão pode mudá-lo para sempre.

Nas primeiras páginas de minhas memórias de criança vejo esta imagem. Meu pai e eu sentados um ao lado do outro em uma capela. Ambos vestimos nossos únicos ternos. O colarinho da camisa esfrega meu pescoço; o banco da igreja parece duro em minhas nádegas; a visão de meu tio morto nos mantém em silêncio. Esse é meu primeiro funeral. Meus nove anos de vida não haviam me preparado para a morte. O que eu vejo me enerva. Tias, normalmente joviais e falantes, choram ruidosamente. Tios, normalmente de raciocínio rápido e piadistas, observam o caixão com os olhos arregalados. E Buck, meu grande tio de mãos carnudas, barrigão e voz estrondosa, deitado pálido no caixão.

Lembro a palma de minha mão suando e o coração batendo em meu peito como um tênis em uma secadora de roupas. O medo me tinha em suas garras. Que outra emoção eu poderia ter? Para onde olhar? As senhoras chorando me davam medo. Homens de olhos vítreos me confundiam. Meu tio morto me assustava.

Mas, então, olhei para cima e vi meu pai.

> Você e eu precisamos do que Moisés precisou: uma espiada na glória de Deus.

Ele virou seu rosto em direção ao meu e sorriu docemente. "Está tudo bem, filho", ele me assegurou, colocando sua mão grande sobre minha perna. De alguma forma eu sei que está. Por que está, eu não sei. Minha família continua lamentando. Meu tio Buck continua morto. Mas se meu pai, no meio de tudo isso, diz que está tudo bem, então já é o suficiente.

Naquele momento, eu percebi algo. Eu podia olhar ao redor e encontrar o medo, ou olhar para meu pai e encontrar fé.

Escolhi o rosto de meu pai.

Assim também fez Moisés.

Você também pode fazê-lo.

Capítulo 3

Autopromoção divina

MOISÉS PEDIU PARA vê-la no Sinai.

Ela encheu o templo, deixando os sacerdotes perplexos demais para desempenhar seus serviços.

Quando Ezequiel a viu, teve de reverenciá-la.

Ela envolveu os anjos e aterrorizou os pastores enquanto pastoreavam em Belém.

Jesus a irradiou.

João a contemplou.

Pedro a testemunhou no Monte da Transfiguração.

Cristo irá retornar envolto nela.

O céu será iluminado por ela.[1]

Ela é como uma corrente do Atlântico das Escrituras, tocando cada pessoa com o potencial de mudar cada vida. Incluindo a sua. Um olhar, um gosto, uma amostra e sua fé nunca mais será a mesma...

Glória.

A glória de Deus.

Procurar a glória de Deus é orar, "Deixar o ar pesado com sua presença, fazer com que se misture com sua majestade. Abrir as cortinas do céu e deixar sua natureza fluir através delas. Deus; mostre-nos Deus."

> Procurar a glória de Deus é orar, "Deixar o ar pesado com sua presença, fazer com que se misture com sua majestade. Abrir as cortinas do céu e deixar sua natureza fluir através delas. Deus; mostre-nos Deus."

O que a palavra *Alpes* faz pelas montanhas da Europa, a palavra *Glória* faz pela natureza de Deus. A palavra *Alpes* remete a um conjunto de belezas: riachos, picos, folhas caídas, alces correndo. Pedir para ver os Alpes é pedir para ver tudo isso. Pedir para ver a glória de Deus é pedir para ver Deus como um todo. A glória de Deus carrega todo o peso de seus atributos: seu amor, seu caráter, sua força, e assim incessantemente.

Davi celebrou a glória de Deus.

Atribuam ao SENHOR, ó seres celestiais,
atribuam ao SENHOR glória e força.
Atribuam ao SENHOR a glória que o seu nome merece;
adorem o SENHOR no esplendor do seu santuário.

A voz do SENHOR ressoa sobre as águas;
o Deus da glória troveja, o SENHOR troveja sobre as muitas águas.

A voz do SENHOR é poderosa;
a voz do SENHOR é majestosa.

A voz do SENHOR quebra os cedros;
o SENHOR despedaça os cedros do Líbano.

Ele faz o Líbano saltar como bezerro,
o Siriom como novilho selvagem.

A voz do SENHOR corta os céus com raios flamejantes.
A voz do SENHOR faz tremer o deserto;
o SENHOR faz tremer o deserto de Cades.

A voz do SENHOR retorce os carvalhos
e despe as florestas.
E no seu templo todos clamam: "Glória!"
(Salmo 29:1-9)

A palavra transmite uma grande honra. O termo *glória* para os hebreus vem de uma palavra que significa pesado, de peso, ou importante. Portanto, a glória de Deus celebra seu significado, sua excepcionalidade, o fato de ser única. Como Moisés pregou, "Quem entre os deuses é semelhante a ti, SENHOR? Quem é semelhante a ti? Majestoso em santidade, terrível em feitos gloriosos, autor de maravilhas?" (Êxodo 15:11).

Quando você pensa na "glória de Deus," pensa em "proeminência". E, quando você pensa em "proeminência", pensa em "prioridade". Porque a glória de Deus é a prioridade de Deus.

As reuniões de equipe de Deus, se ele as tivesse, iriam girar em torno de uma questão: "Como poderemos revelar minha glória hoje?" A lista de coisas a fazer de Deus consiste em um item: "Revelar minha glória." A declaração de propósitos organizada e emoldurada dos céus está pendurada na sala de descanso dos anjos, exatamente acima da mesa de refeições. Nela pode-se ler: "Declarem a glória de Deus."

Deus existe para revelar a Deus.

Ele disse para Moisés: "Aos que de mim se aproximam santo me mostrarei; à vista de todo o povo glorificado serei" (Levítico 10:3).

Por que ele endureceu o coração do Faraó? "Então endurecerei o coração do faraó, e ele os perseguirá [aos Israelitas]. Todavia, eu serei glorificado por meio do faraó e de todo o seu exército; e os egípcios saberão que eu sou o SENHOR" (Êxodo 14:4).

Por que os céus existem? Os céus existem, pois "declaram a glória de Deus" (Salmo 19:1).

Por que Deus escolheu os Israelitas? Por intermédio de Isaías ele chamou: "Todo o que é chamado pelo meu nome, a quem criei para a minha glória, a quem formei e fiz" (Isaías 43:7).

Por que as pessoas lutam? Deus responde, "eu refinei você, embora não como prata; eu o provei na fornalha da aflição. Por amor de mim mesmo, por amor de mim mesmo, eu faço isso" (Isaías 48:10, 11). "E clame a mim no dia da angústia; eu o livrarei, e você me honrará" (Salmo 50:15).

Ele falou "ao povo que formei para mim mesmo a fim de que proclamasse o meu louvor" (Isaías 43:12).

O profeta Isaías proclamou, "[...] guiaste o teu povo para fazer para ti um nome glorioso" (Isaías 63:14).

Cada ato do céu revela a glória de Deus. Cada ato de Jesus fez o mesmo.

Cristo nos ensinou a fazer da reputação de Deus nossa prioridade em orações: "Pai nosso, que estás nos céus! Santificado seja o teu nome" (Mateus 6:9).

Cada ato do céu revela a glória de Deus. Cada ato de Jesus fez o mesmo. De fato, "o Filho é o resplendor da glória de Deus" (Hebreus 1:3). Na noite anterior à sua crucificação, Jesus declarou: "Agora meu coração está perturbado, e o que direi? Pai, me salva desta hora? Não; eu vim exatamente para isto, para esta hora. Pai glorifica o teu nome!" (João 12:27, 28). Paulo explica: "pois eu lhes digo que Cristo se tornou servo dos que são da circun-

Autopromoção divina 33

cisão [...] a fim de que os gentios glorifiquem a Deus por sua misericórdia" (Romanos 15:8,9).

E Jesus declarou que a missão dele havia sido um sucesso, dizendo: "Quando Eu te glorifiquei na terra, completando a obra que me deste para fazer" (João 17:4).

Surpreso? Não seria tal atitude, por assim dizer, egoísta? Não consideramos o comportamento dele como "autopromoção"? Por que Deus noticia a si próprio?

Pela mesma maneira que um piloto de um barco salva-vidas o faz. Pense desta forma: você está à deriva; está até o pescoço mergulhado em um mar escuro e frio. O barco virado. O colete salva-vidas vazando. As forças se esvaindo. Na noite negra você ouve a voz de um piloto de um barco salva-vidas. Mas você não pode vê-lo. O que você quer que o piloto faça?

Fique quieto? Não diga nada? Sorrateiramente abra caminho entre os outros passageiros que estão se afogando? De forma alguma! Você quer volume! Aumente o som, cara! Se usarmos um jargão bíblico, você quer que o piloto lhe mostre a glória dele. Você precisa ouvi-lo dizer, "Estou aqui. Sou forte. Tenho lugar para você. Posso salvá-lo!" Os passageiros que estão à deriva querem que o piloto revele sua proeminência.

Não queremos que Deus faça o mesmo? Olhe em volta. As pessoas estão mergulhadas em um mar de raiva, desprezo e culpa. A vida não está funcionando. Nós estamos afundando rapidamente. Mas Deus pode nos salvar. E apenas uma mensagem importa. A dele! Nós precisamos ver a glória de Deus.

Não cometa erros. Deus não tem problemas de ego. *Ele não revela sua glória para seu próprio bem. Não precisamos testemunhá-la para nosso próprio bem.* Precisamos de uma mão forte para nos puxar para dentro de um barco seguro. E, uma vez que estivermos embarcados, o que se torna nossa prioridade?

Simples. Promover a Deus. Nós declaramos a proeminência dele. "Ei! Há um barco forte aqui! Piloto habilidoso! Vamos te resgatar!"

Os passageiros promovem o piloto. "Não a nós, SENHOR, nenhuma glória para nós, mas sim ao teu nome, por teu amor e por tua fidelidade!" (Salmo 115:1). Se alguém se gloriar, "glorie-se no Senhor" (2 Coríntios 10:17).

O ar que você tomou para ler a última frase foi concedido a você por uma razão, para que você possa em outro momento "contemplar a glória do Senhor" (2 Coríntios 3:18). Deus acordou você e a mim esta manhã por um motivo: "Anunciem a sua glória entre as nações, seus feitos maravilhosos entre todos os povos!" (1 Crônicas 16:24).

Ele não revela sua glória para seu próprio bem. Não precisamos testemunhá-la para nosso próprio bem.

"Pois dele, por ele e para ele são todas as coisas. A ele seja a glória para sempre! Amém" (Romanos 11:36). "Para nós, porém, há um único Deus, o Pai, de quem vêm todas as coisas *e para quem vivemos* [...]" (1 Coríntios 8:6, a ênfase é minha).

Por que a Terra gira? Para ele.
Por que você tem talentos e habilidades? Para ele.
Por que você tem dinheiro ou pobreza? Para ele.
Forças ou batalhas? Para ele.
Tudo e todos existem para revelar a glória dele.
Inclusive você.

Capítulo 4

Diferença sagrada

JOHN HANNING SPEKE ESTÁ DE PÉ à margem de um rio observando a parede de água. Ele dedicou a melhor parte do ano de 1858 até aqui. Ele e seu grupo atravessaram as florestas da África e os rios profundos. Nativos carregando lanças com pontas de metal os perseguiram. Crocodilos cravaram seus olhos sobre eles. Mas, finalmente, depois de quilômetros de selva marchando sobre a grama diligente, eles encontraram as quedas d'água.

Apenas um britânico poderia explicar tão bem. "Nós fomos bem recompensados", ele escreveu em seu diário de viagem.

> O barulho das águas, os milhares de peixes passando e saltando pelas quedas com toda força, os pescadores Wasoga e Waganda vindo em seus barcos e tomando seus postos em todas as rochas disponíveis, munidos com varas e anzóis; hipopótamos e crocodilos preguiçosamente espalhados pelas águas fizeram com que tudo aquilo fosse uma imagem tão interessante quanto se pudesse imaginar.[1]

Speke não poderia sair. Ele desenhou o local por várias vezes. Ele dedicou um dia inteiro simplesmente para assistir à majestade das quedas no alto Nilo. Não é difícil de entender por quê. Nenhuma região da Inglaterra tinha uma vista daquelas. Raramente os olhos recaem sobre uma imagem que até aqui nunca havia sido vista. Speke viu. E ele estava boquiaberto com o que viu.

Quatorze anos depois, do outro lado do globo, Frederick Dellenbaugh estava igualmente impressionado. Ele tinha apenas 18 anos quando se juntou ao Major Powell em suas viagens pioneiras aos rios do Grande Canyon. Liderados pelo destemido Powell (que só tinha um braço por consequência de um incidente durante a Guerra Civil), os exploradores navegaram em barcos esburacados, enfrentando corredeiras. É incrível que eles tenham sobrevivido. Tão incrível quanto terem sobrevivido foi o que eles presenciaram. Dellenbaugh descreveu a cena:

> Como minhas costas estavam voltadas para a queda eu não pude vê-la...
> Chegando cada vez mais perto, um grande tumulto se fez; o Major gritou
> "Remem para trás!". Repentinamente todo o apoio do barco se perdeu
> e as poderosas trepidações nos acometeram. O barco enfrentou-as bem,
> mas nós estávamos voando a vinte e cinco milhas por hora e a cada salto
> a arrebentação nos engolia. "Baldes!", gritou o Major, "Usem os baldes
> pela sua vida!" Então trocamos os remos por baldes, apesar de saber que
> usar os baldes para retirar a água era praticamente inútil. [...] O barco
> rodava e era arremessado como um navio em um tornado. [...] uma
> cobertura de espuma se derramou por pedras negras gigantescas, primei-
> ro de um lado, e então do outro [...] Se você pegar um relógio e contar
> noventa segundos, você terá provavelmente o tempo em que estivemos
> em meio a esse caos, mas pareceu muito mais tempo para mim. E então
> tudo acabou.[2]

Diferença sagrada

O jovem Dellenbaugh conhecia as corredeiras. Rios e águas rápidas não eram novos para ele. Mas algo sobre aquele rio era. A imensidão repentina, a intensidade cruel — algo roubou o fôlego dos remadores. Ele conhecia corredeiras. Mas nenhuma como aquela.

Speke, sem fala. Dellenbaugh, encharcado e boquiaberto.

E Isaías, com o rosto no chão do templo. Os braços cruzados acima da cabeça, com a voz abafada clamando por misericórdia. Como os exploradores, ele havia acabado de ver o que nunca foi visto. Mas diferente dos exploradores, ele havia visto mais do que a criação — ele havia visto o Criador. Ele havia visto Deus.

Sete séculos e meio antes de Cristo, Isaías era uma antiga versão de um capelão do Senado ou de um sacerdote na corte de Israel. Sua família, aristocrática. Seu hebraico, impecável. Polido, profissional e bem-sucedido. Mas no dia em que ele viu Deus apenas uma resposta pareceu apropriada: "Ai de mim, estou perdido." O que causou tal confissão? O que provocou tal réplica? A resposta está nas palavras do serafim repetidas por três vezes: "Santo, santo, santo."

> "Acima dele estavam serafins; cada um deles tinha seis asas: com duas cobriam o rosto, com duas cobriam os pés e com duas voavam."
>
> E proclamavam uns aos outros: "Santo, santo, santo é o SENHOR dos Exércitos, a terra inteira está cheia da sua glória."
>
> Ao som das suas vozes os batentes das portas tremeram, e o templo ficou cheio de fumaça.
>
> "Então gritei: Ai de mim! Estou perdido! Pois sou um homem de lábios impuros e vivo no meio de um povo de lábios impuros; os meus olhos viram o Rei, o SENHOR dos Exércitos!"

Na única ocasião em que os serafins aparecem nas Escrituras, eles incansavelmente repetiam três vezes a mesma frase. "Santo,

santo, santo é o SENHOR dos Exércitos." Repetição, em hebraico, tem o mesmo papel que o nosso marca-texto. É uma ferramenta de ênfase. Deus, proclamam os anjos de seis asas, não é santo. Ele não é santo, santo. Ele é santo, santo, santo.

Quais outros atributos recebem tal reforço? Nenhum versículo descreve Deus como "sábio, sábio, sábio" ou "forte, forte, forte". Apenas como "santo, santo, santo". A santidade de Deus merece atenção de manchete. Esse adjetivo qualifica o nome dele mais do que todos os outros adjetivos combinados.[3] O primeiro e o último cântico da Bíblia ampliam a santidade de Deus. Tendo atravessado o Mar Vermelho, Moisés e os israelitas cantaram, "Quem entre os deuses é semelhante a ti, SENHOR? Quem é semelhante a ti? Majestoso em santidade, terrível em feitos gloriosos, autor de maravilhas?" (Êxodo 15:11). No Apocalipse, aqueles que foram vitoriosos sobre a besta cantaram, "quem não te temerá, ó Senhor? Quem não glorificará o teu nome? Pois tu somente és santo" (15:4).

A palavra em hebraico para *santo* é *qadosh*, que significa cortado ou separado. Santidade, então, fala da "diversidade" de Deus. Sua total singularidade. Tudo sobre Deus é diferente do mundo que ele fez.

Deus, proclamam os anjos de seis asas, não é santo. Ele não é santo, santo. Ele é santo, santo, santo.

O que você é para um avião de papel, Deus é para você. Pegue uma folha de papel e faça um avião. Compare você com sua criação. Desafie-o para um campeonato de soletração. Quem ganhará? Desafie-o a correr contra você pelo quarteirão. Quem será mais rápido? Convide seu avião para uma partida de basquete mano a mano. Quem irá dominar a quadra?

Diferença sagrada

Certamente será você. O avião não tem ondas cerebrais, não tem pulso. Ele existe apenas porque você o fez e voa apenas quando alguém o joga. Multiplique os contrastes entre você e seu avião de papel pelo infinito, e você irá começar a entender vagamente a disparidade entre Deus e nós.

Ao que podemos comparar Deus? "Pois, quem nos céus poderá comparar-se ao SENHOR? Quem dentre os seres celestiais assemelha-se ao SENHOR?" (Salmo 89:6). "Com quem vocês compararão Deus? Como poderão representá-lo?" (Isaías 40:18).

Até mesmo Deus pergunta, "Com quem vocês me vão comparar? Quem se assemelha a mim?" (Isaías 40:25). Como se a pergunta dele precisasse de resposta, ele dá uma:

> "Lembrem-se das coisas passadas, das coisas muito antigas! Eu sou Deus, e não há nenhum outro; eu sou Deus, e não há nenhum como eu. Desde o início faço conhecido o fim, desde tempos remotos, o que ainda virá. Digo: Meu propósito permanecerá em pé, e farei tudo o que me agrada. Do oriente convoco uma ave de rapina; de uma terra bem distante, um homem para cumprir o meu propósito. O que eu disse isso eu farei acontecer; o que planejei, isso farei." (Isaías 46:9-11)

Qualquer busca de um sósia de Deus é em vão. Qualquer busca de uma pessoa ou uma posição divina na Terra é fútil. Ninguém nem nada se comparam a ele. Ninguém o ajuda. É ele quem "julga: Humilha a um, a outro exalta" (Salmo 75:7).

Você e eu podemos ter poder. Mas Deus *é* poder. Nós podemos ser um vagalume, mas ele é a própria luz. "A sabedoria e o poder a ele pertencem" (Daniel 2:20).

Considere o universo ao nosso redor. Diferente do ceramista que pega algo e dá outra forma, Deus pegou o nada e criou algo. Deus criou tudo que existe pela ordem divina *ex nihilo* (do nada). Ele não contou com um material preexistente ou coeterno. Antes da criação, o universo não era um espaço escuro. O universo não existia. Deus até criou a escuridão. "Eu formo a luz e crio as trevas" (Isaías 45:7). João proclamou: "Porque criaste todas as coisas, e por tua vontade elas existem e foram criadas." (Apocalipse 4:11).

Siga o universo para alcançar o poder de Deus, e persiga seu poder em direção à sua sabedoria. A onisciência de Deus governa a onipotência dele. O conhecimento infinito comanda a força infinita. "Sua sabedoria é profunda, seu poder é imenso" (Jó 9:4). "Deus é que tem sabedoria e poder" (Jó 12:13). "[Deus] é poderoso e firme em seu propósito" (Jó 36:5).

O poder dele não é caprichoso ou descuidado. Ao contrário. A sabedoria dele administra e iguala sua força. Paulo anunciou: "Ó profundidade da riqueza da sabedoria e do conhecimento de Deus! Quão insondáveis são os seus juízos e inescrutáveis os seus caminhos!" (Romanos 11:33).

O conhecimento que ele tem sobre você é tão completo quanto o conhecimento dele sobre o universo. "Antes mesmo que a palavra me chegue à língua, tu já a conheces inteiramente, SENHOR. [...] Os teus olhos viram o meu embrião; todos os dias determinados para mim foram escritos no teu livro antes de qualquer deles existir" (Salmo 139:4, 16).

Siga o universo para alcançar o poder de Deus, e persiga seu poder em direção à sua sabedoria.

Os véus que atrapalham a sua visão e a minha não atrapalham a visão de Deus. Palavras não ditas são como se pronunciadas. Pensamentos não revelados são como se proclamados. Momentos que não aconteceram são história. Ele conhece o futuro, o passado, o secreto e o não dito. Nada está escondido de Deus. Ele é Todo-Poderoso, Todo-conhecedor, e Todo-presente.

Diferença sagrada

O Rei Davi maravilhou-se, "Para onde poderia eu escapar do teu Espírito? Para onde poderia fugir da tua presença?" (Salmo 139:7). Deus nos lembra, "Sou eu apenas um Deus de perto — e não também um Deus de longe? [...] Não sou eu aquele que enche os céus e a terra?" (Jeremias 23:23, 24).

Viu a "diferença sagrada" de Deus? No encontro de Isaías, aqueles que o veem mais claramente o têm em mais alto grau. Ele é tão sagrado que até mesmo os serafins sem pecados não aguentam olhar para ele. Eles cobrem seus rostos com suas asas. Eles também, estranhamente, cobrem seus pés. Por quê? Em hebraico a palavra para *pés* e para *genitais* é a mesma.[4] Desculpe a imagem, mas a confissão dos anjos é a de que eles são absolutamente impotentes diante da presença de Deus.

Isaías consegue relacionar. Quando ele vê a santidade de Deus, ele não se gaba ou se vangloria. Ele não toma notas, não faz planos, não programa uma série de sermões, não lança uma turnê de seminários. Em vez disso, ele se ajoelha e implora por misericórdia. "Ai de mim! Estou perdido! Pois sou um homem de lábios impuros e vivo no meio de um povo de lábios impuros; os meus olhos viram o Rei, o SENHOR dos Exércitos!" (Isaías 6:5).

O conhecimento infinito comanda a força infinita.

A visão proporcionada por Deus não era referente a Isaías, mas a Deus e sua glória. Isaías percebe isso. "Não é sobre mim. Mas tudo é sobre ele." Ele encontra a humildade, não por procurá-la, mas procurando a ele. Uma olhada, e o profeta se põe ao lado de infectados e doentes — os "impuros," um termo usado para descrever aqueles com lepra. A santidade de Deus silencia os que se vangloriam.

E a misericórdia de Deus nos faz santificados. Preste atenção no que acontece a seguir.

"Logo um dos serafins voou até mim trazendo uma brasa viva, que havia tirado do altar com uma tenaz. Com ela tocou a minha boca e disse: 'Veja, isto tocou os seus lábios; por isso, a sua culpa será removida, e o seu pecado será perdoado'."

(Isaías 6:6, 7)

Isaías não faz nenhum pedido. Não clama por nenhuma graça. De fato, ele praticamente acreditou que a misericórdia era impossível. Mas Deus, que é rápido ao perdoar, expurga Isaías de seus pecados e redireciona sua vida.

Deus solicita um porta-voz. "Quem enviarei? Quem irá por nós?" (Isaías 6:8).

Isaías levantou seus braços para o céu. "Eis-me aqui. Envia-me!" (Isaías 6:8). Um relance da santidade de Deus e Isaías teve que falar. Como se houvesse encontrado a fonte do rio, dominado a ira do cânion. Como se ele houvesse visto o que Moisés viu — o próprio Deus.

A santidade de Deus silencia os que se vangloriam.

Apenas um relance, contudo um relance de Deus.
E ele tornou-se diferente.
Sagradamente diferente.

Capítulo 5

Só um momento

JOVENS PAIS NORMALMENTE ficam felizes quando seus filhos aprendem novas palavras.

"Querida, Bobby acabou de aprender a falar tchau!"

"Mãe, você não vai acreditar o que foi que sua neta acabou de fazer. Ela contou até cinco."

Ou, "Ernie, fale para seu tio o que é que os pássaros fazem."

Nós aplaudimos esses momentos. Eu também aplaudi.

Sem exceção.

Uma frase que minha filha aprendeu me deixou perplexo. Jenna estava perto dos 2 anos, aprendendo a falar direito. Com sua mão pequenina perdida na minha, andávamos pelo saguão do nosso prédio. De repente, ela parou. Avistando uma bola, ela olhou para mim e pediu, "Só um momento." Escorregando sua mão da minha, ela se afastou.

Um momento? Quem tinha falado com ela sobre momentos? Até aquela hora sua existência havia sido livre de tempo.

Crianças pequenas não conhecem começo ou fim, se apressar ou ir mais devagar, cedo ou tarde. O pequeno mundo de uma criança amplifica o tempo presente e diminui o passado e o futuro. Mas a frase de Jenna, "Só um momento", anunciou que o tempo havia entrado em sua vida.

Em sua autobiografia, *The Sacred Journey*, Frederick Buechner[1] divide sua vida em três partes: "foi uma vez", "vai ser uma vez", "além de uma vez". Os anos de infância, de acordo com ele, são vividos em "foi uma vez... Que criança, em pleno verão, se preocupa com o fato de que o verão irá terminar? Que criança, quando a neve está esparramada pelo chão, para a fim de lembrar que há algum tempo o chão não estava pintado de branco?"

A infância para nós é o que o Jardim foi para Adão e Eva? Antes de o casal ter engolido a conversa de Satã e a fruta da árvore, ninguém imprimia calendários, usava relógios ou precisava de cemitérios. Eles viviam em um mundo livre do tempo. Aos 2 anos, os minutos passavam igualmente desmedidos na vida de Jenna. Suas preocupações não passavam de passeios, cochilos, música e mamãe e papai. Mas "só um momento" contradizia a intrusão de piratas em sua inocente ilha. O tempo havia invadido seu mundo.

Ela estava descobrindo que a vida é um depósito de momentos: elementos mensuráveis e contáveis, como moedas em um cofre ou botões em uma caixa de costura. Seu cofre pode estar cheio de décadas, o meu pode estar mais vazio por alguns anos, mas todos têm certo número de momentos.

Todo mundo, exceto Deus. Ao enumerarmos as afirmações complicadas de Cristo, podemos incluir esta entre as primeiras da lista: "Eu lhes afirmo que antes de Abraão nascer, Eu Sou!" (João 8:58). Se a multidão não queria matar Jesus antes dessa afirmação, depois dela eles passaram a querer. Jesus alegava ser Deus, o Ser Eterno. Ele se apresentava como "o Alto e Sublime, que vive para sempre" (Isaías 57:15).

Só um momento

As Escrituras transmitem esse atributo em alto e bom som. Deus é existente "desde a eternidade" (Salmo 93:2), ele é "o rei eterno" (Jeremias 10:10), "imortal" (Romanos 1:23), "o único que é imortal" (1 timóteo 6:16). Os céus e a Terra irão perecer, "mas tu [Deus] permaneces o mesmo, e os teus dias jamais terão fim" (Salmo 102:27). Você irá pesar a quantidade de sal dos oceanos mais rápido que irá pesar a existência de Deus porque "Não há como calcular os anos da sua existência." (Jó 36:26).

Nem mesmo Deus fez Deus.

Faça o caminho inverso, de uma árvore para uma semente, de um vestido para uma fábrica, de um bebê para sua mãe. Faça o caminho inverso de Deus... para....para....

Ninguém. Nem mesmo Deus fez Deus. "Desde os dias mais antigos eu o sou" (Isaías 43:13). Por essa razão, temos Deus fazendo afirmações como "antes de Abraão nascer, Eu Sou!" (João 8:58). Ele não disse, "Antes de Abraão nascer, eu *fui*." Deus nunca diz "eu fui" porque ele ainda o é. Ele é — agora — nos dias de Abraão e até o final dos tempos. Ele é eterno. Ele não vive momentos sequenciais, dispostos em uma linha do tempo, um seguido do outro. Seu mundo é um momento ou, melhor dizendo, sem momentos.

Ele não vê a história como uma progressão de séculos, mas como uma única fotografia. Ele captura sua vida, sua vida inteira, em apenas um olhar. Ele vê seu nascimento e sua morte em uma moldura só. Ele conhece seu começo e seu fim, porque ele não tem nenhum dos dois.

Não faz sentido algum, faz? A eternidade não faz sentido para nós, estamos amarrados ao tempo. Será a mesma coisa que tentar ler um livro escrito apenas em kanji (a não ser, claro, que você seja japonês). Você olha para os símbolos, e você só vê linhas sem sentido algum. Você balança a cabeça. Esse idioma não está em lugar nenhum em sua cabeça.

E se alguém o ensinasse a ler e escrever o idioma? Suponha que um nativo tivesse o tempo e você tivesse a vontade. Dia após dia os símbolos que antes não faziam sentido algum não começariam a fazer algum sentido?

Com a ajuda de Deus esse mesmo esclarecimento acontece para você com relação à eternidade. Ele está nos ensinando o idioma. "Também pôs no coração do homem o anseio pela eternidade" (Eclesiastes 3:11). Dentro de cada um de nós há um palpite de que fomos feitos para sempre e a esperança de que esse palpite seja verdade.

Você conhece a história da águia que foi criada por galinhas? Do chão do galinheiro, ela avista uma águia em meio às nuvens e seu coração se agita. "Eu posso fazer aquilo!", ela sussurra. As outras galinhas riem, mas ela sabe. Ela nasceu diferente. Nasceu com uma crença.

Ele conhece seu começo e seu fim, porque ele não tem nenhum dos dois.

Você também. Seu mundo se estende além do quintal do tempo. Uma eternidade o espera. Comparar sua vida celeste com sua vida terrena é como comparar o Everest a uma pedra. Se medíssemos os dois usando grãos de areia, como seria? O céu seria cada grão de areia de cada praia, e mais. A vida terrena, por outro lado, seria um milésimo de um grão de areia. Precisa de uma frase que resuma sua vida na Terra? Tente a frase de Jenna: "Só um momento."

Não foi essa frase a escolha de Paulo? "Pois os nossos sofrimentos leves e *momentâneos* estão produzindo para nós uma glória eterna que pesa mais do que todos eles" (2 Coríntios 4:17).

E se olhássemos de relance para o apóstolo enquanto ele escrevia essas palavras? No momento em que ele tivesse sido "açoitado mais severamente e exposto à morte repetidas vezes. "Cinco vezes", ele escreve, "dos judeus trinta e nove açoites. Três vezes fui golpeado com varas, uma vez apedrejado, três vezes sofri naufrágio, passei uma noite e um dia exposto à fúria do mar" (2 Coríntios 11:23-25). Ele continua se referindo a perigosos rios, passeios pelo deserto, exposição ao frio, ataques, fome e sede. Essas, de acordo com Paulo, são aflições leves a serem suportadas por apenas um momento.

E se tivéssemos a mesma atitude com relação à vida? E se víssemos nossos momentos difíceis como um grão de areia minúsculo, se comparado com as dunas eternas?

E se a mulher que me parou dia desses fizesse isso? Ela falou sobre dezessete anos de um casamento ruim. Os erros dele, os erros dela. A bebedeira dele, a impaciência dela. E agora ela quer uma saída. Afinal, toda a sua vida está passando como um raio. Se ela quiser viver, é melhor se ocupar! Além disso, quem pode assegurar que o casamento dela vá dar certo? Como ela sabe que não está pronta para mais duas décadas de tempos difíceis? Ela não sabe.

"Tudo sobre mim", o advogado diz. "A vida é curta — pule fora."

A sapiência de Deus, no entanto, diz, "A vida é curta — continue."

A brevidade da vida concede a capacidade de suportar, não uma desculpa para cair fora. Os dias que passam não justificam problemas transitórios. Os dias que passam não nos deixam mais fortes para aguentar os problemas. Seus problemas irão passar? Nada garante que vão. Sua dor cessará? Talvez sim. Talvez não. Mas o céu nos dá a promessa: "os nossos sofrimentos leves e momentâneos estão produzindo para nós uma glória eterna que pesa mais do que todos eles." (2 Coríntios 4:17).

As palavras "uma glória eterna que pesa mais" trazem à nossa mente a imagem da balança usada no passado. Lembra a imagem com a venda nos olhos representando a da justiça? Ela segura uma balança — dois pratos, um de cada lado de uma agulha. O peso de uma compra seria determinado ao se colocar pesos de um lado e o produto do outro.

Deus faz a mesma coisa com nossas batalhas. De um lado ele coloca toda a nossa carga. Penúrias. Demissões. Pais que o esqueceram. Chefes que o ignoraram. Finais de relacionamentos, problemas de saúde, dias ruins. Ele os coloca um em cima do outro e observa para que lado a balança vai pender.

> A brevidade da vida concede a capacidade de suportar, não uma desculpa para cair fora.

Agora testemunhe a resposta de Deus. Ele as remove? Elimina nossa carga? Não, em vez de removê-las, ele as contrabalança. Ele coloca o peso da glória eterna do outro lado. Alegria eterna. Paz imensurável. Uma eternidade com ele. Veja o que acontece quando ele coloca a eternidade em sua balança.

Tudo muda! A carga sobe. O pesado se torna leve quando é contrabalançado pela eternidade. Se a vida é "só um momento", não podemos aguentar qualquer desafio por um momento?

Podemos ficar doentes *só por um momento*.

Podemos ficar solitários *só por um momento*.

Podemos ser perseguidos *apenas por um momento*.

Podemos lutar *só por um momento*.

Não podemos?

Não podemos esperar por nossa paz? De qualquer forma, não é sobre nós. E certamente não é sobre agora.

Capítulo 6

Sua mão inalterável

ANO DE 1966. LYNDON JOHNSON era presidente dos EUA. As vozes de Goldwater e Dirksen dominavam o senado. Watergate era um prédio de apartamentos em Washington D.C., e o Bush mais conhecido era aquele que falou com Moisés. O Vietnã explodia. Os hippies eram o máximo. Woodstock era uma fazenda leiteira, e os Lucado estavam se mudando para uma casa nova.

LBJ logo se mudou de volta para o Texas, e Watergate traiu Nixon. Goldwater e Dirkesen saíram de cena e os Bush tomaram seu lugar. Vietnã, os hippies e Woodstock se tornaram apenas tinta em uma camiseta, mas a família Lucado continuou naquela casa de tijolos amarelos. Por trinta e cinco anos.

Os Beatles apareceram e desapareceram. A economia aqueceu e desaqueceu e aqueceu novamente. As coisas mudavam, mas sempre havia um Lucado morando na casa de três quartos logo na saída da Avenida G.

Até hoje. Enquanto escrevo, carregadores colocam três décadas de vida familiar dentro de um caminhão. O carteiro está tirando o nome "Lucado" da caixa de correios e colocando "Hernandez".

A saída estava destinada a acontecer. Tinha que acontecer. É difícil de assistir. Mudança, como impostos, é necessária, mas não é bem-vinda.

Mudança?, alguns de vocês devem estar pensando. *Você quer falar sobre mudança? Deixe-me lhe falar sobre mudança...*

Deixe-me falar sobre as mudanças no meu corpo — os quimioterapeutas tratam meu corpo como uma almofada para alfinetes.

As mudanças em minha família — Estamos "Surpresa! Grávidos". Irei usar roupas de grávida na formatura do meu filho na escola.

A mudança na economia — Se meus investimentos não melhorarem, passarei minha aposentadoria comendo macarrão instantâneo.

A mudança em nossos negócios — Estou desempregado. Enviar currículos não paga minhas contas.

Mudança. Foi mais do que você poderia aguentar? Gostaria de dar stop no vídeo de seu mundo?

Poupe sua saliva. Se você está procurando um lugar sem mudanças, tente uma máquina de refrigerantes. Com a vida vem a mudança.

Com a mudança vem o medo, a insegurança, o pesar, o estresse. Então, o que você faz? Hiberna? Não corre riscos por medo de falhar? Não dá amor por medo de perder? Alguns optam por isso. Eles se seguram.

Uma ideia melhor é olhar para cima. Estabeleça seu rumo em direção à única Estrela do Norte no universo — Deus. Ainda que existam mudanças bruscas, ele nunca muda. Nas Escrituras há vários registros de sua permanência.

Considere a força dele. Interminável. De acordo com Paulo, o poder dele é eterno (Romanos 1:20). A força dele nunca diminui. A sua e a minha irá diminuir e já vem diminuindo. Nossa energia baixa e flui mais que o rio Tâmisa. Você não está tão alerta à noite quanto está pela manhã. Você não consegue correr tão rápido aos 8 anos quanto consegue aos 20. Até mesmo o mais forte entre nós eventualmente irá descansar. Lance Armstrong pode manter a velocidade da bicicleta a 32 mph por uma hora inteira. Universitários saudáveis duram quarenta e cinco segundos nesse mesmo ritmo. Eu faria trinta segundos antes de ter vontade de vomitar. Armstrong faz jus à última metade de seu sobrenome.* Ele é forte. Mas em algum momento ele tem de descansar. Sua cabeça procura o travesseiro, e seu corpo procura dormir.[1]

Ele nunca pede um tempo ou coloca as orações da Rússia em espera enquanto lida com as orações da África do Sul.

Chame Jim Eubank de forte. Dar setenta braçadas por dia e manter meia dúzia de recordes em provas de longa distância já seria uma prova suficiente. Mas continuar nadando mais de quinze metros por dia na piscina e ganhando provas aos 85 anos?[2] Vista seu calção e manda brasa, Sr. Eubank. Você é forte, mas não será forte para sempre.

Deus será. Ele nunca diria "Estou me sentindo forte hoje". Ele se sente igualmente forte todos os dias.

Daniel diz que ele é "o Deus vivo e permanece para sempre" (Daniel 6:26). Os salmistas dizem: "Eu cantarei louvores à tua força [...], pois tu és o meu alto refúgio, abrigo seguro nos tempos difíceis. Ó minha força, canto louvores a ti; tu és, ó Deus, o meu alto refúgio, o Deus que me ama" (Salmo 59:16, 17).

---

* Strong em inglês significa forte. (N.T.)

Pense sobre isso. Deus nunca se dá um tempo para comer ou pede para os anjos que cubram seu horário enquanto ele tira um cochilo. Ele nunca pede um tempo ou coloca as orações da Rússia em espera enquanto lida com as orações da África do Sul. Ele "está sempre alerta" (Salmo 121:4). Precisa de uma mão forte para segurar? Sempre encontrará a dele. Sua força nunca muda.

Precisa de uma mão inabalável para se sentir seguro? Tente a de Deus. Sua força nunca fraqueja.

Aprendemos a temperar nossas palavras com sal, e nos alimentar delas com frequência. Nossas opiniões mudam como a moda nas passarelas. (Suas convicções sobre criar crianças não eram diferentes antes de você as ter?) Nossas convicções costumam mudar.

É bom saber que as de Deus não mudam. A visão dele de certo e errado sobre mim e você é a mesma que ele tinha com Adão e Eva. "A palavra de nosso Deus permanece para sempre" (Isaías 40:8). "A tua palavra, SENHOR, para sempre está firmada nos céus [...] todos os teus mandamentos são verdadeiros [...] tu os estabeleceste para sempre." (Salmo 119:89,151,152).

Sua imagem pode mudar. Minhas convicções podem ser influenciadas, mas "a Escritura não pode ser anulada" (João 10:35). E uma vez dito isso, uma vez que a verdade não pode fraquejar, a forma de lidar com as coisas de Deus nunca se altera.

Ele sempre odiará o pecado e amará os pecadores, desprezará os orgulhosos e exaltará os humildes. Ele sempre irá condenar o malfeitor e confortar o deprimido. Ele nunca muda de direção no meio do caminho, pausa para calibrar os pneus, ou emenda a constituição celeste. Deus será sempre o mesmo.

Ninguém mais será. Seu namorado liga para você hoje e lhe despreza amanhã. As empresas dão aumentos seguidos de demissões. Os amigos o aplaudem quando você dirige um clássico e

Sua mão inalterável

o dispensam quando você dirige um carro velho. Deus não. Deus "permanece o mesmo" (Salmo 102:27). Ele "não muda como sombras inconstantes" (Tiago 1:17).

Encontrar Deus de mau-humor? Não vai acontecer. Tem medo de exaurir a graça dele? Uma sardinha engolirá o Atlântico antes que isso aconteça. Acredita que ele desistiu de você? Errado. Ele não fez uma promessa para você? "Deus não é homem para que minta, nem filho de homem para que se arrependa. Acaso ele fala, e deixa de agir? Acaso promete, e deixa de cumprir?" (Números 23:19). Ele nunca está cabisbaixo ou azedo, amuado ou estressado. Sua força, sua verdade, seu hábito, seu amor nunca mudam. Ele é "o mesmo, ontem, hoje e para sempre" (Hebreus 13:8). E porque ele é o Senhor "será o firme fundamento" (Isaías 33:6).

E não poderíamos ter alguma estabilidade? Por vinte e sete anos os cidadãos de South Padre confiaram na estabilidade da Queen Isabella Causeway, a ponte mais longa do Texas. Diariamente, 19 mil motoristas usavam a ponte para ir de Port Isabel à ilha de South Padre. Sustentada por toneladas de concreto, a ponte de três quilômetros era a única conexão entre terra firme e ilha. Apoiada por pilares profundos, aprovada pelos engenheiros. Ninguém questionava a segurança da Queen Isabella.

Até o dia 15 de setembro de 2001. Às duas horas da manhã, quatro barcaças e um rebocador bateram no sistema de suportes e a ponte veio abaixo, lançando carros e pessoas vinte cinco metros abaixo, na Laguna Madre. Oito pessoas morreram quando os 73 metros da ponte desabaram.[3]

Você não deve nunca ter medo de que o mesmo aconteça com o plano de Deus. O plano dele — nascido na eternidade — irá resistir a qualquer ataque da humanidade. Ateus, antagonistas, céticos, eruditos — todos eles já bateram na ponte, mas ela nunca se moveu. Os engenheiros do Texas se arrependem de seu trabalho,

Deus nunca irá se arrepender do dele. "Aquele que é a Glória de Israel não mente nem se arrepende [disse Samuel], pois não é homem para se arrepender." (1 Samuel 15:29).

O plano de Deus nunca irá mudar, porque ele faz seus planos conscientemente. Esqueça a previsão otimista. Ele declara: "Desde o início faço conhecido o fim" (Isaías 46:10). Nada o surpreende, "os planos do SENHOR permanecem para sempre" (Salmo 33:11).

A cruz não perderá seu poder. O sangue de Cristo não desvanecerá sua força. O céu nunca irá anunciar o colapso da ponte. Deus nunca voltará para a tela em branco. "Pois o que Ele planejou acontecerá, e como pensou assim será."[4]

"Pois esse é o propósito do SENHOR dos Exércitos; quem pode impedi-lo? Sua mão está estendida; quem pode fazê-la recuar?" (Isaías 14:27). Deus nunca muda. Todos os outros mudam. Todo o resto irá mudar.

O plano dele — nascido na eternidade — irá resistir a qualquer ataque da humanidade.

Durante as horas em que preparei este texto, os carregadores nada fizeram além de esvaziar a casa dos Lucado. Ceias de Natal, gargalhadas na hora das refeições, abraços de boa-noite de meu clã embaixo daquele teto — tudo em tempo passado. Outra constante se torna transitória. Quais são as mudanças que você está enfrentando?

Os cemitérios interrompem as melhores famílias.

A aposentadoria encontra os melhores empregados.

A idade murcha os corpos mais fortes.

Com a vida vem a mudança.

Mas com a mudança vem a segurança tranquilizadora da permanência dos céus. "O firme fundamento de Deus permanece" (2 Timóteo 2:19). A casa dele ficará para sempre de pé.

Capítulo 7

O grande amor de Deus

A ALGUNS QUILÔMETROS DE DISTÂNCIA abaixo de minha cadeira existe um lago, uma caverna subterrânea de água cristalina conhecida como *Aquífero Edwards*. Nós, do sul do Texas, sabemos bastante sobre esse aquífero. Conhecemos seu comprimento (300 m). Sabemos seu traçado (vai de oeste para leste, menos em San Antonio, onde ele corre do norte para o sul). Sabemos que a água é pura. Fresca. Ele irriga fazendas, molha gramados, enche piscinas e sacia os sedentos. Sabemos bastante sobre esse aquífero.

Mas de todos os fatos que sabemos existe um fato essencial que não conhecemos. Não sabemos seu tamanho. A profundidade da caverna? Um mistério. Número de litros? Nunca medido. Ninguém sabe a quantidade de água que esse aquífero tem.

Assista à previsão do tempo no noticiário e você mudará de ideia. Os meteorologistas oferecem atualizações regulares do nível de água do aquífero. Dá a impressão de que a quantidade de água é realmente calculada. "Na verdade", um amigo me disse, "ninguém sabe a quantidade de água que existe lá."

Será que isso é possível? Resolvi descobrir. Liguei para um especialista. "É verdade", ele afirmou. "Estimamos. Tentamos medir. Mas a quantidade exata? Ninguém sabe." Extraordinário. Nós o utilizamos, dependemos dele, pereceremos sem ele; mas medi-lo? Não podemos.

Isso lhe faz lembrar outra piscina imensurável? Deveria. Não uma piscina de água, mas uma piscina de amor. O amor de Deus. Fresco como a água de um aquífero. Puro como a neve de abril. Apenas um gole alivia a garganta seca e amolece o coração duro. Mergulhe uma vida no amor de Deus e a veja emergir limpa e mudada. Nós sabemos o impacto do amor de Deus.

Mas e o volume? Nenhuma pessoa jamais mediu.

Meteorologistas de respeito, preocupados com o fato de nós provavelmente esgotarmos nossos suprimentos, nos sugerem o contrário. "Não utilizem demais", eles alertam, recomendando que racionemos nossas porções. Algumas pessoas, afinal, bebem mais do que deveriam. Terroristas, traidores e espancadores de mulheres — deixe que essa corja comece a beber e talvez ela se afogue.

O amor de Deus. Apenas um gole alivia a garganta seca e amolece o coração duro.

Mas quem sondou as profundezas do amor de Deus? Apenas Deus. "Quer ver o tamanho do meu amor?", ele convida. "Percorra o sinuoso caminho fora de Jerusalém. Siga os pingos de sangue deixados na terra até chegar ao cume do monte. Antes de olhar para cima, dê uma pausa e ouça-se sussurrar, 'Este é o tamanho do meu amor por você'."

Músculos rasgados por açoites cobrem suas costas. O sangue se derrama sobre sua face. Seus olhos e seus lábios estão fechados

O grande amor de Deus

de tão inchados. A dor percorre com a intensidade do fogo grego. Enquanto ele se abaixa para aliviar a agonia em suas pernas, o ar lhe falta. À beira de se sufocar, ele empurra seus músculos perfurados contra os espigões e se levanta um pouco na cruz. Ele faz isso por horas. Dolorosamente para cima e para baixo até que sua força e nossas dúvidas tenham se esvanecido.

Deus ama você? Observe a cruz e contemple a resposta.

O Filho de Deus morreu por você. Quem poderia imaginar tal presente? Na hora em que Martinho Lutero estava tendo sua Bíblia impressa em alemão, a filha do impressor encontrou o amor de Deus. Ninguém havia falado sobre Jesus para ela. Com relação a Deus ela não tinha nenhuma emoção a não ser o medo. Um dia, ela juntou pedaços das Escrituras que haviam caído no chão. Em um papel ela encontrou as palavras "Pois Deus amava tanto o mundo, que deu...". O resto do verso ainda não havia sido impresso. Ainda assim o que ela viu foi o suficiente para comovê-la. A ideia de que Deus poderia dar alguma coisa levou-a do medo para a alegria. A mãe dela notou uma mudança em sua atitude. Quando questionada sobre o motivo de sua felicidade, a filha entregou o pedaço amassado que continha parte do verso de seu bolso. A mãe leu e perguntou: "O que ele deu?" A criança ficou perplexa por um momento e então respondeu: "Eu não sei. Mas se ele nos amou tanto a ponto de nos dar alguma coisa, não devemos ter medo dele."[1]

Deus poderia ter dado a seu filho uma grande ideia, uma mensagem lírica ou uma canção sem fim..., mas ele deu a si mesmo. "Cristo amou-nos e se entregou por nós como oferta e sacrifício de aroma agradável a Deus" (Efésios 5:2). Que tipo de devoção é essa? Procure a resposta na categoria "infalível". A santidade de Deus requeria um sacrifício livre de pecados, o único sacrifício livre de pecados era de seu filho. E uma vez que o amor de Deus nunca falha, para pagar o preço ele o fez. Deus ama você com um amor infalível.

A Inglaterra vislumbrou esse amor em 1978. A segunda filha da Rainha Vitória era a princesa Alice, cujo filho mais novo estava infectado por uma terrível doença conhecida como difteria. Os médicos colocaram o garoto em quarentena e avisaram a mãe que se mantivesse distante.

Mas ela não poderia. Um dia, ela ouviu seu filho sussurrar para a enfermeira: "Por que minha mãe não me beija mais?" As palavras tocaram profundamente seu coração. Ela correu para seu filho e o encheu de beijos. Pouco tempo depois ela foi enterrada.[2]

O que leva uma mãe a fazer algo assim? O que levaria Deus a fazer algo maior? Amor. Ligue as maiores ações de Deus ao maior atributo de Deus — seu amor.

Mas como o amor de Deus se encaixa no tema deste livro? Afinal de contas, "Não estamos falando de mim". Se não é sobre mim, será que Deus se importa comigo? A prioridade de Deus é sua glória. Ele ocupa o centro do palco; eu carrego os adereços. Ele é a mensagem; eu sou apenas uma palavra. Isso é amor?

Sem dúvida. Você realmente quer que o mundo gire em torno de você? Se tudo é sobre você, então tudo está em suas costas. Seu Pai o resgata desse fardo. Você é valioso, mas não essencial. Você é importante, mas não indispensável.

Ainda acha que essas notícias não são boas?

Talvez uma história ajude. Meu pai, um mecânico de mão cheia, nunca conheceu um carro que não pudesse consertar. Esqueça tacos de golfe e raquetes de tênis, os brinquedos de meu pai eram soquetes e chaves inglesas. Ele adorava um motor quebrado. Certa vez, enquanto ele estava nos levando para visitar minha tia no Novo México,

> Se tudo é sobre você, então tudo está em suas costas.

O grande amor de Deus

quebrou uma haste do carro. A maioria dos homens iria levar o carro rangendo até o mecânico. Não meu pai. Ele chamou um reboque e sorriu o resto do caminho até a casa da minha tia. Até hoje eu suspeito de uma sabotagem paterna. Uma semana de conversas familiares o deixavam louco. Mas uma semana embaixo do carro? *Esqueça o café com biscoitos. Passe-me o coletor.* Meu pai fez a um motor V-8 o que Patton fez a um pelotão — ele o fez funcionar.

Ah, que o mesmo pudesse ser dito de seu filho mais novo. Não pode. Meu problema com mecanismos começa com a frente e a traseira do caro. Eu não consigo lembrar em qual das duas pontas está o motor. Qualquer pessoa que seja capaz de confundir o estepe com a correia do ventilador não tem dom para consertar carros.

Minha ignorância deixou meu pai em uma posição desconfortável. O que um mecânico habilidoso faz com um filho que é tudo menos isso? Enquanto você pensa na resposta, farei uma pergunta: O que Deus faz conosco? Sob seus cuidados o universo funciona como um Rolex. Mas seus filhos? A maior parte de nós tem problemas para controlar o orçamento. Então o que ele faz?

Eu sei o que meu pai fez. Em um gesto louvável, meu pai me deixou ajudá-lo. Ele me dava pequenas tarefas — segurar chaves de fenda, esfregar velas de ignição. E ele conhecia minhas limitações. Por nenhuma vez ele disse, "Max, desmonte aquela transmissão, por favor. Uma das marchas está quebrada." Ele nunca disse isso. Primeiro, ele gostava de sua transmissão. Segundo, ele me amava. Ele me amava demais para me pedir demais.

Assim o faz Deus. Ele conhece suas limitações. Ele conhece muito bem suas fraquezas. Você tanto pode morrer por seus próprios pecados quanto por solucionar a fome no mundo. E, de acordo com ele, está tudo bem. O mundo não conta com você. Deus ama você demais para dizer que é tudo sobre você. Ele mantém o cosmos funcionando. Nós limpamos manchas de óleo e agradecemos a ele por esse privilégio. Nós damos uma espiadela embaixo do capô. Não sabemos o que é fazer o mundo funcionar, e sábios somos nós por deixar o trabalho nas mãos dele.

Dizer "Não se trata de você" não é dizer que você não é amado, ao contrário. É justamente porque Deus ama você que não é sobre você.

E, oh, que amor é esse. Ele "excede todo conhecimento" (Efésios 3:19). Porém, apesar de não poder medi-lo, posso encorajá-lo a confiar nele? Alguns de vocês estão famintos por tal amor. Aqueles que deveriam ter amado você não o fizeram. Você foi deixado no hospital. Largada no altar. Foi deixada em uma cama vazia. Foi deixado com um coração partido. Deixado com uma pergunta: "Alguém me ama?"

Você tanto pode morrer por seus próprios pecados quanto por solucionar a fome no mundo.

Por favor, ouça a resposta dos céus. Enquanto você o observa na cruz, ouça Deus assegurar, "Eu te amo".

Algum dia alguém irá descobrir os limites do aquífero do sul do Texas. Um submarino robô, até mesmo um mergulhador, irá descer pelas águas até chegar ao fundo. "Nós sondamos as profundezas", os jornais irão anunciar. Alguém dirá a mesma coisa sobre o amor de Deus? Não. Quando o assunto é a água, nós podemos encontrar os limites. Mas quando o assunto é o amor dele, nunca encontraremos.

Parte II

O Deus que promove

Capítulo 8

Os espelhos de Deus

G.R. TWEED OLHOU PARA o navio americano que estava no horizonte das águas do Pacífico. Limpando seus olhos do suor da selva, o jovem oficial da marinha engoliu em seco e tomou sua decisão. Aquela poderia ser sua única chance de escapar.

Tweed estava se escondendo no Guam por quase três anos. Quando os japoneses ocuparam a ilha em 1941, ele se escondeu na densa floresta tropical. A sobrevivência não foi fácil: ele preferia o pântano a um campo de prisioneiros de guerra.

Ao fim do dia 10 de julho de 1966, ele avistou o navio amistoso. Ele correu montanha acima e se posicionou em um penhasco. De dentro de sua bolsa, ele retirou um pequeno espelho. Às seis e vinte da noite, ele começou a enviar os sinais. Segurando a ponta do espelho entre seus dedos, ele inclinava o espelho para cima e para baixo, refletindo os raios do sol na direção do navio. Três *flashes* curtos. Três longos. Três curtos novamente. Ponto – ponto – ponto. Traço – traço – traço. Ponto – ponto – ponto. SOS.

O sinal chamou atenção de um marinheiro que estava a bordo do USS *McCall*. Um grupo de salvamento embarcou em um barco e deslizou pela costa passando pela artilharia. Tweed foi salvo.[1]

Ele estava feliz por ter aquele espelho, feliz por saber usá-lo, feliz pelo espelho ter cooperado. Suponhamos que o espelho não tivesse cooperado. (Prepare-se para um pensamento louco.) Suponhamos que o espelho resistisse, funcionasse como bem entendesse. Em vez de refletir uma mensagem com a ajuda do sol, suponhamos que ele refletisse uma mensagem própria. Afinal de contas, três anos de isolamento deixam qualquer pessoa faminta por atenção. Em vez de enviar um SOS, o espelho só pudesse enviar um OPM. "Olhe para mim."

Um espelho egoísta?

O único pensamento mais louco seria um espelho inseguro. *E se eu estragar tudo? E se eu mandar um traço quando eu tiver que mandar um ponto? Além disso, você já viu as manchas em minha superfície?* A dúvida em si mesma iria paralisar o espelho.

Assim seria com a autopiedade. *Fui comprimido neste bolso, carregado pelas florestas e, agora, de repente esperam que eu olhe para o sol e faça um serviço crucial. De forma alguma. Vou ficar no bolso. Ninguém vai tirar nenhum reflexo de mim.*

Que bom que o espelho de Tweed não tinha vontade própria.

Mas e os espelhos de Deus? Infelizmente nós temos.

Somos os espelhos dele. Ferramentas da heliografia dos céus. Reduza a descrição do trabalho humano para apenas uma frase, e ela será: Refletir a glória de Deus. Como Paulo escreveu: "E todos nós, com o rosto desvendado, contemplando, como por espelho, a glória do Senhor, somos transformados, de glória em glória, na sua própria imagem, como pelo Senhor, o Espírito." (2 Coríntios 3:18).

Os espelhos de Deus

Alguém aí acabou de levantar as sobrancelhas? Espere um minuto, você está pensando. Eu já li esta passagem antes, mais de uma vez. E ela soava diferente. Certamente ela soava. Talvez porque você esteja acostumado a lê-la com uma tradução diferente. "Mas todos nós, com rosto descoberto, *refletindo como um espelho* a glória do Senhor, somos transformados de glória em glória na mesma imagem, como pelo Espírito do Senhor" (ênfase minha).

Em uma tradução podemos ler, "contemplando, como por espelho"; em outra diz, "refletindo como um espelho". Uma implica contemplação; a outra, reflexo. Qual das duas está precisa?

Na verdade, as duas. O verbo *katoptrizo* pode ser traduzido de qualquer uma das duas formas. Os tradutores estão em ambos os campos:

"*contemplando*, como por espelho" (RA)
"*refletindo* como um espelho" (RC)
"*contemplamos a glória* do Senhor" (NVI)

Mas qual o significado que Paulo tinha em mente? No contexto da passagem, Paulo compara a experiência cristã à experiência de Moisés no Monte Sinai. Depois que o patriarca *contemplou* a glória de Deus, seu rosto *refletiu* a

Reduza a descrição do trabalho humano para apenas uma frase, e ela será: Refletir a glória de Deus.

glória de Deus. "Os israelitas não podiam fixar os olhos na face de Moisés, por causa do resplendor do seu rosto, ainda que desvanecesse" (2 Coríntios 3:7).

O rosto de Moisés estava tão deslumbrantemente branco que "o povo de Israel não conseguia olhar diretamente para ele como não podiam olhar para o sol" (2 Coríntios 3:7 MSG).

Em sua contemplação de Deus, Moisés não pode fazer nada a não ser refleti-lo. *O brilho que ele viu foi o brilho em que se tornou.*

Contemplar leva a tornar-se. Tornar-se leva a refletir. Talvez a resposta para a questão da tradução seja "sim".

Paulo quis dizer: "Contemplando como em um espelho"? Sim.

Paulo quis dizer: "Refletindo como a um espelho"? Sim.

Poderia ser que o Espírito Santo intencionalmente tenha selecionado um verbo que nos lembraria de fazer ambos? Contemplar a Deus tão intensamente que não podemos evitar refleti-lo?

O que significa contemplar seu rosto em um espelho? Uma olhada de relance? Uma olhada casual? Não. Contemplar significa estudar, olhar fixamente, admirar. Contemplar a glória de Deus, então, não é dar uma olhada furtiva ou uma olhada ocasional, essa contemplação é uma reflexão séria.

Não é o que fizemos? Nós acampamos aos pés do Monte Sinai e contemplamos a glória de Deus. Sabedoria inalcançável. Pureza imaculável. Anos intermináveis. Força destemida. Amor imensurável. Vislumbres da glória de Deus.

Enquanto contemplamos sua glória, ousamos orar para que nós, como Moisés, possamos refleti-la? Ousamos ter a esperança de sermos espelhos nas mãos de Deus, os reflexos da luz de Deus? Esse é o chamado.

"Assim, quer vocês comam, bebam ou façam qualquer outra coisa, façam tudo para a glória de Deus" (1 Coríntios 10:31).

Qualquer outra coisa? Qualquer outra coisa.

Deixe sua mensagem refletir a glória dele. "Assim brilhe a luz de vocês diante dos homens, para que vejam as suas boas obras e glorifiquem ao Pai de vocês, que está nos céus." (Mateus 5:16).

Deixe sua salvação refletir a glória de Deus. "Quando vocês ouviram e creram na palavra da verdade, o evangelho que os salvou,

**Contemplar leva a tornar-se.
Tornar-se leva a refletir.**

vocês foram selados em Cristo com o Espírito Santo da promessa que é a garantia da nossa herança até a redenção daqueles que pertencem a Deus, para o louvor da sua glória" (Efésios 1:13, 14).

Deixe seu corpo refletir a glória de Deus. "[...] vocês não são de si mesmos [...] glorifiquem a Deus com o seu próprio corpo" (1 Coríntios 6:19, 20).

Suas lutas. "Tudo isso é para o bem de vocês, para que a graça, que está alcançando um número cada vez maior de pessoas, faça que transbordem as ações de graças para a glória de Deus" (2 Coríntios 4:15; veja também João 11:4).

Seu sucesso honra a Deus. "Honre o SENHOR com todos os seus recursos" (Provérbios 3:9). "A riqueza e a honra vêm de ti" (1 Crônicas 29:12). "Deus, [...] ele que lhes dá a capacidade de produzir riqueza" (Deuteronômio 8:18).

Sua mensagem, sua salvação, seu corpo, suas lutas, seu sucesso — tudo proclama a glória de Deus.

Ele envia a mensagem; nós a refletimos.

"Tudo o que fizerem, seja em palavra ou em ação, façam-no em nome do Senhor Jesus, dando por meio dele graças a Deus Pai" (Colossenses 3:17).

Ele é a fonte; nós somos a taça. Ele é a luz; nós somos os espelhos. Ele envia a mensagem; nós a refletimos. Nós descansamos no bolso dele, esperando pelo chamado. E quando colocados em suas mãos, fazemos seu trabalho. Não se trata de nós, tudo se trata dele.

O uso do espelho pelo Sr. Tweed o levou ao salvamento.

Que nosso uso por Deus o conduza para muitos mais.

Capítulo 9

Minha mensagem é sobre ele

ATRÁS DELE, UMA trilha de pegadas.

Abaixo dele, um garanhão.

À frente dele, quilômetros de trilha para percorrer.

Dentro dele, uma determinação cega.

Olhos semicerrados. Maxilares firmes. Esqueléticos. Os cavaleiros do *Pony Express* tinham apenas uma tarefa — entregar a mensagem em segurança e rápido. Eles aproveitavam qualquer vantagem: a rota mais curta, o cavalo mais veloz, a sela mais leve. Até mesmo a marmita mais leve.

Apenas os mais fortes eram contratados. Eles conseguiam lidar com os cavalos? O calor? Eles conseguiam deixar para trás ladrões e sobreviver a nevascas? Os mais novos e os órfãos eram a preferência. Os selecionados recebiam $125 por mês (um bom salário em 1860), um revólver Colt, um rifle de baixo calibre, uma camisa vermelha, calças azuis e oito horas para cobrir doze quilômetros, seis dias por semana.

Trabalho duro e pagamento alto. Mas a mensagem valia a pena.[1]

O apóstolo Paulo teria amado a *Pony Express*. Pois a ele, assim como os cavaleiros, havia sido confiada uma mensagem. "Sou devedor tanto a gregos como a bárbaros", Paulo disse à Igreja Católica (Romanos 1:14). Ele tinha algo para eles — uma mensagem. Ele havia sido confiado como um emissário da *Pony Express* com uma mensagem divina, o evangelho. Nada importava mais para Paulo do que o evangelho. "Não me envergonho do evangelho", ele escreveu, "porque é o poder de Deus para a salvação de todo aquele que crê" (Romanos 1:16).

Paulo viveu para entregar a mensagem. Como as pessoas iriam se lembrar dele era uma questão secundária. (Por que outro motivo ele se apresentaria como um escravo? Romanos 1:1.) Como as pessoas iriam se lembrar de Cristo é que era primordial. A mensagem de Paulo não era a respeito dele. A mensagem dele era a respeito de Cristo.

Como é difícil manter esse foco. Não temos a tendência de alterar essa mensagem? Não estamos inclinados a inserir linhas a nosso favor?

Um jovem guia de um museu de arte estava. Uma frase resumia seu trabalho: Guie as pessoas até as obras, responda a suas perguntas e saia do caminho. Inicialmente ele obteve sucesso. Ele levou os clientes até os tesouros emoldurados, identificou os artistas, e deixou a visão livre.

"Este é um Monet", ele diria, e então dava um passo para trás enquanto as pessoas exclamavam surpresas e faziam uma ou duas perguntas. Quando estavam prontos, ele os levava para outra obra de arte e repetia a sequência. "Este é o trabalho de Rembrandt." Ele dava um passo para trás, os clientes avançavam para frente. Ele mantinha-se parado, eles observavam.

Minha mensagem é sobre ele

Trabalho simples. Trabalho agradável. Ele tinha muito orgulho de seu trabalho.

Orgulho demais, diriam. Por um curto período ele esqueceu seu papel. Ele começou a achar que as pessoas haviam vindo para vê-lo. Em vez de sair da frente da obra, ele se prolongava próximo a ela. Enquanto eles exclamavam, ele sorria. "Fico feliz por terem gostado", ele respondia, com o peito inflado, faces coradas. Ele até respondia com um ocasional "obrigado", recebendo os créditos por um trabalho que ele não fez.

Os visitantes desconsideravam seus comentários. Mas não conseguiam desprezar seus movimentos. Prolongar-se ao lado de uma obra não era mais suficiente para o guia. Pouco a pouco ele avançava em direção a ela. Inicialmente levantando o braço sobre a moldura, depois seu tronco ficava na frente de parte da tela. Finalmente seu corpo bloqueava a peça inteira. As pessoas conseguiam vê-lo, mas não a tela. O mesmo trabalho que lhe havia sido enviado para revelar ele começava a ocultar.

Foi então que o superior dele interveio. "Este trabalho não é a seu respeito, Max. Não encubra minhas obras de arte."

Quantas vezes ele teve de me lembrar? A primeira vez que fui chamado para mostrar uma obra, fiquei tentado a ocultá-la.

O pedido veio quando eu tinha 20 anos. "Você pode discursar para nosso grupo jovem da igreja?" Não estamos falando de uma cidade inteira. Era mais para uma dúzia de crianças sentadas ao redor de uma fogueira de um acampamento no oeste do Texas. Eu era novo na fé, portanto novo para

Acredito que Satanás treina batalhões de demônios que sussurram uma pergunta em nossos ouvidos: "O que as pessoas estão pensando de você?"

o poder da fé. Eu contei minha história, e, veja só, eles ouviram! Um deles até chegou a se aproximar de mim e disse algo como: "Aquilo me inspirou, Max." Meu peito inflou, e meus pés andaram um passo na direção da obra.

Deus anda me acotovelando desde então.

Alguns de vocês podem não se identificar com isso. Os holofotes nunca o iluminam. Você e João Batista cantam no mesmo tom: "É necessário que ele cresça e que eu diminua" (João 3:30). Deus o abençoe. Você tem que orar por nós. Nós, os viciados em aplausos, fazemos de tudo: esquecemos nomes, cantamos alto, nos vestimos bem para parecermos elegantes, nos vestimos de forma mais casual para parecermos descolados, citamos autores que nunca lemos antes, recitamos um grego que nunca estudamos. Pela minha vida, eu acredito que Satanás treina batalhões de demônios que sussurram uma pergunta em nossos ouvidos: "O que as pessoas estão pensando de você?"

Uma pergunta mortal. O que eles pensam de nós não importa. O que ele pensa de Deus é que importa. Deus não irá dar sua glória a outro (Isaías 42:8). Da próxima vez que você precisar de estímulo para sair da frente dos holofotes, lembre-se: *Você é apenas um elo da corrente, um elo insignificante.*

Não concorda? Pense com o apóstolo. "Nem o que planta nem o que rega *são alguma coisa*, mas unicamente Deus, que efetua o crescimento" (1 Coríntios 3:7, ênfase minha).

Lembra as outras mensagens que Deus usou?

Uma jumenta fala com Balaão (Números 22:28).

Uma vara se transformou em serpente para assustar o faraó (Êxodo 7:10).

Ele usou vacas obstinadas para provar seu ponto de vista com relação à reverência e um grande peixe para provar seu ponto de vista sobre pregadores relutantes (1 Samuel 6:1-12; Jonas 1:1-17).

Minha mensagem é sobre ele

Deus não precisa nem de mim nem de você para fazer o trabalho dele. Nós somos mensageiros, embaixadores de sua vontade, não de nossa inteligência.

Não é a respeito de nós, e o enraivece quando pensamos que é. Jesus tem uma advertência para guias de galeria que obscurecem seu trabalho.

> "Portanto, quando você der esmola, não anuncie isso com trombetas, como fazem os hipócritas nas sinagogas e nas ruas, a fim de serem honrados pelos outros. Eu lhes garanto que eles já receberam sua plena recompensa." (Mateus 6:2)

Os cavaleiros da *Pony Express* não recebiam os créditos pelas cartas generosas.

Guias de museu não merecem aplausos por obras de arte.

E nós, a quem o evangelho foi confiado, não devemos procurar por aplausos, mas saber como desviá-los para nossa mensagem sobre outro Alguém.

Um padre de uma vila europeia na era medieval uma vez reuniu seus fiéis para uma missa especial. "Venha esta noite", ele lhes disse, "para um sermão especial sobre Jesus". E assim o fizeram. Eles foram. No entanto, para a surpresa de todos, nenhuma vela iluminava o santuário. Eles tomaram seu rumo para os bancos e sentaram-se. O padre não estava em nenhum lugar visível. Mas brevemente puderam-se ouvir passos em direção à nave da igreja. Quando ele alcançou o crucifixo que estava pendurado na parede, ele acendeu uma vela. Sem dizer nada,

> Deus não precisa nem de mim nem de você para fazer o trabalho dele. Nós somos mensageiros, embaixadores de sua vontade, não de nossa inteligência.

ele iluminou os pés perfurados do Cristo, e então seu lado, e então uma das mãos, e depois a outra. Levantando a vela, ele derramou a luz no rosto mascarado por sangue e na coroa de espinhos. Com um sopro, ele apagou a vela e dispensou os fiéis.[2]

Talvez não façamos mais nada.

Talvez não façamos nada menos.

Capítulo 10

Minha salvação vem dele

UMA GRANDE EMPRESA alimentícia americana lançou a mistura perfeita para bolo. Não precisava de nenhum aditivo. Nenhum ovo, nenhum açúcar. Apenas misturar um pouco de água ao pó, colocar a forma no forno e *presto*! Prepare-se para uma guloseima.

Mas surgiu um problema. Ninguém comprava o produto! Intrigado, o fabricante organizou pesquisas, identificou a razão e refez o bolo com uma pequena alteração. As instruções agora pediam que o cozinheiro acrescentasse um ovo à receita. As vendas estouraram.[1]

Por que somos assim? O que nos faz adicionar alguma coisa ao que já está completo? Paulo fez as mesmas perguntas. As pessoas o intrigavam ao adicionar seus trabalhos a um projeto já terminado. Não ovos a uma receita, mas condições para a salvação. Nada grande, apenas uma pequena regra: Você tem que ser circuncidado para ser salvo.

Tal conversa amargurava o apóstolo. "Pois nós [...] não temos confiança alguma na carne", ele declarou (Filipenses 3:3). "Não tendo a minha própria justiça que procede da Lei, mas a que vem *mediante a fé em Cristo*, a justiça que procede de Deus e se baseia na fé" (Filipenses 3:9, ênfase minha). Paulo proclamou uma graça pura: sem misturas, sem aditivos, sem alterações. O trabalho de Cristo é um salto para a alma. Confie nele e mergulhe.

Nós rapidamente nos colocamos ao lado de Paulo na controvérsia da circuncisão. Toda a argumentação soa esquisita para nossos ouvidos ocidentais. Mas será mesmo tão estranha? Nós talvez não ensinemos Jesus + circuncisão, mas que tal:

Jesus + evangelismo: *Quantas pessoas você levou até Cristo este ano?* Ou:

Jesus + contribuições: *Você está contribuindo com tudo que pode para a igreja?* Ou:

Jesus + misticismo: *Você oferece penitência e ora para a Virgem Maria, não ora?* Ou:

Jesus + herança: *Você foi criado "na igreja"?* Ou:

Jesus + doutrina: *Quando você foi batizado, a água era parada ou corrente? Funda ou rasa? Quente ou fria?*

Legalismo. A teologia do "Jesus +". Legalistas não rejeitam Jesus. Eles confiam muito em Cristo. Mas eles não confiam apenas em Cristo.

Nós estamos tentados a liberar o legalismo como inofensivo. Afinal de contas, legalistas têm boa aparência. Eles têm atos religiosos. Eles promovem a moralidade e a decência e a boa convivência. Há alguma maldade no que eles ensinam?

Paulo responde com um ressonante "sim!" Ele reserva um tom sarcástico para o legalista. "Cuidado com os 'cães', cuidado com esses que praticam o mal, cuidado com a falsa circuncisão" (Filipenses 3:2). Ui! Você consegue sentir a intolerância nessas pala-

Minha salvação vem dele

vras? "Mal." "Cães." Aqueles que "fazem a falsa circuncisão" ou, parafraseando, "circuncisadores de facas afiadas."

Por que as presas à mostra? Por que a tinta quente? Paulo não mostrou as garras dessa forma com outros. Apesar de não ter usado meias palavras contra os adúlteros. Ele era intolerante com a homossexualidade, mas ele não explodiu a comunidade gay usando um maçarico. Ele pregou contra o álcool, mas alguma vez chamou os bêbados de "cachorros?"

E se você acha que ele está irritado nessa passagem, leia o desejo dele para os legalistas de Gálata. "Quanto a esses que os perturbam, quem dera que se castrassem!" (Gálatas 5:12).

Por que a intensidade? Por que ser tão estridente com relação aos legalistas? Simples. A autossalvação faz com que nossos problemas fiquem leves.

Por nossa conta, nós iríamos afundar espiritualmente, amigos. Tão afundados quanto o *Kursk*. Lembra-se do submarino nuclear *Kursk*, o orgulho da marinha russa? O dia 12 de agosto de 2000 era para ter sido um dia especial. Cinco oficiais da marinha de alta patente se lançaram em uma jornada pelos mares para assistir à demonstração de sua força. Mas então duas explosões vieram; enormes e estrondosas explosões que chegaram a registrar 1.5 e 3.5 na escala Richter. Algo de muito errado tinha acontecido.

A nave de sete toneladas imediatamente adernou e mergulhou por 350 pés até o fundo do Oceano Ártico. A maior parte da tripulação de 118 marinheiros morreu instantaneamente. Outros foram forçados a passar suas últimas horas em condições congelastes e horrendas.[2]

Não somos nós como marinheiros? Não somos pessoas igualmente impotentes e perdidas? Como eles, estamos submergindo — não em água salgada, mas em pecados. Nós precisamos ser içados — não do oceano, mas de nossas falhas. "Não há nenhum justo, nem um sequer" (Romanos 3:10). Como os marinheiros, nós chegamos ao fundo.

Mas suponha que um dos marinheiros submersos pensasse em uma solução. Suponha que ele declarasse a seus colegas: "Eu sei o que vamos fazer. Vamos todos empurrar o teto do submarino. Iremos impulsioná-lo a submergir." Você pode imaginar os olhares que a tripulação lançaria em direção a ele? *Impulsionar um submarino de sete toneladas por 350 pés de água?* Se eles dissessem alguma coisa, diriam para ele voltar a si. "Você não entende a gravidade da situação. Nós não temos o que é preciso para salvar nossa vida. Não somos fortes o suficiente. Não somos grandes o suficiente. Não precisamos de músculos; precisamos de um milagre."

Exatamente o que Paulo pensa. Apenas 350 pés de água do oceano não o separam de Deus, mas uma insuportável enchente de imperfeição e pecado. Você acredita que pela virtude de seus próprios músculos você pode impulsionar este navio para a superfície? Você acha que seu batismo e sua presença aos domingos serão suficientes para salvá-lo?

Os legalistas dizem que sim. Eles não percebem a gravidade da situação. Além de menosprezar o pecado, zombam de Deus.

Quem olharia para a cruz de Cristo e diria: "Ótimo trabalho, Jesus. Uma pena você não ter tido chance de terminá-lo, mas vou ter que assumir a responsabilidade"?

O legalismo não tem alegria porque o legalismo é interminável.

Ousamos questionar o trabalho soberano de Deus? Ousamos pensar que os céus precisam de nossa ajuda para nos salvar? Estamos ancorados no fundo do oceano. Não podemos ver a luz do dia! O legalismo diminui Deus nesse processo e faz uma bagunça em nossa vida.

Minha salvação vem dele

Para qualquer pessoa que tenta merecer o céu, Paulo pergunta: "Como é que estão voltando àqueles mesmos princípios elementares, fracos e sem poder? Querem ser escravizados por eles outra vez? [...] Que aconteceu com a alegria de vocês?" (Gálatas 4:9,15).

O legalismo não tem alegria porque o legalismo é interminável. Sempre há outra aula para comparecer, outra pessoa para ensinar, outra boca para alimentar. Colegas encarcerados na autossalvação encontram o que fazer, mas nunca alegria.

Como poderiam? Eles nunca sabem quando terminam. O legalismo esmorece a alegria.

A graça, no entanto, dispensa a paz. Os cristãos confiam em um trabalho terminado. "Passados estão os empenhos em se manter a lei, passadas estão as disciplinas e o asceticismo do legalismo, passada está a ansiedade de que fazendo tudo não fazemos o suficiente. Nós alcançamos as metas não por subir escadas, mas subindo pelo elevador... Deus jura sua honradez prometida para aqueles que irão parar de tentar salvar a si mesmo."[3]

A graça oferece descanso, o legalismo não. Então por que o abraçamos? "Quem confia em si mesmo é insensato" (Provérbios 28:26). Por que confiamos em nós mesmos? Por que acrescentamos algo ao trabalho finalizado de Deus? Isso seria *ostentação*?

Salvar a si mesmo tem uma pitada de glória. É mais glorioso que a camisa do time do futebol da escola. Ainda tenho a minha. Usei-a por todos os dias do meu último ano de escola. Quem se importava se fazia quarenta graus? Queria que todos vissem aonde eu tinha chegado. Se fazer parte do time de futebol é maravilhoso, quão mais maravilhoso não deveria ser ganhar um lugar no time de Deus?

Mas a verdade é: nós não ganhamos um lugar. Se acharmos que sim, não entendemos a mensagem. "Onde está, então, o motivo de vanglória?", Paulo se pergunta (Romanos 3:27). O que realmente há? Com o que você contribuiu? À parte de sua admissão de grande decadência, não consigo pensar em mais nada. "Por iniciativa dele que vocês estão em Cristo Jesus" (1 Coríntios 1:30). A salvação glorifica o Salvador, não o que é salvo.

A sua salvação exibe a misericórdia de Deus. Não demonstra seu esforço, mas demonstra o dele. "Sou eu, eu mesmo, aquele que apaga suas transgressões, *por amor de mim*, e que não se lembra mais de seus pecados" (Isaías 43:25, ênfase minha). Ele nos salva pela mesma razão pela qual salvou os judeus:

A sua salvação exibe a misericórdia de Deus. Não demonstra seu esforço, mas demonstra o dele.

"Por amor do meu próprio nome eu adio a minha ira; por amor de meu louvor eu a contive, para que você não fosse eliminado. Veja, eu refinei você, embora não como prata; eu o provei na fornalha da aflição. Por amor de mim mesmo, *por amor de mim mesmo*, eu faço isso. Como posso permitir que eu mesmo seja difamado? Não darei minha glória a nenhum outro" (Isaías 48:9-11).

Você pode somar algo a essa salvação? Não, o trabalho está terminado.

Você pode ganhar essa salvação? Não. Não desonre Deus tentando.

Ousamos ostentar sua salvação? De forma alguma. Aquele que dá o pão, não o pedinte, é quem merece ser glorificado. "Quem se gloriar, glorie-se no Senhor" (1 Coríntios 1:31).

Não se trata do que fazemos; se trata do que ele faz.

Capítulo 11

Meu corpo é para ele

VOCÊ CONFIA NAQUELA pessoa que vai tomar conta de sua casa enquanto você vai viajar. Você provavelmente já precisou dela. Não querendo deixar sua casa vazia, você pede que alguém fique lá até que você volte. Deixe-me descrever dois dos seus pesadelos com relação a isso.

A pessoa redecorar a casa. A tinta branca ser substituída por cor-de-rosa. O tapete caro ser transformado em trapos. Uma cadeira de plástico abstrato no lugar de sua amada e confortável cadeira. A justificativa? "A casa não me reflete de forma precisa. Eu precisava de uma casa que expressasse quem eu sou."

Sua resposta? "Não é sua! Minha residência não existe para refletir você! Eu pedi para que você tomasse conta da minha casa, não que ficasse com ela!" Você gostaria de ter uma pessoa dessa em sua casa?

Você talvez a escolha em troca do pesadelo número dois. Ela não redecora; ela é negligente. Nunca lava os pratos, faz a cama ou tira o lixo. "Meu tempo aqui era temporário. Sabia que você não se importaria", ela explica.

Claro que você não se importaria! Ela sabe quanto essa casa lhe custa?

Ambos os tipos cometeram o mesmo erro. Eles agiram como se a casa fosse deles. Como eles puderam fazer uma coisa dessa?

Ou, melhor, como poderiam? Quando se trata de nossos corpos, a Bíblia declara que eles não nos pertencem. "O corpo, porém, não é para a imoralidade, mas para o Senhor, e o Senhor para o corpo" (1 Coríntios 6:12). A filosofia deles convenientemente separou corpo de espírito. Divirta-se com o corpo. Honre a Deus com o espírito. Sábados selvagens. Domingos de louvor. Você pode ter de tudo.

Paulo não concordava. Ele dispensou a dicotomia. Ele lembrou seus leitores que Deus mescla corpo e alma, elevando-os a um *status* igualitário. Seu corpo não é um brinquedo. Pelo contrário, seu corpo é uma ferramenta. "Vocês não sabem que seus corpos são membros de Cristo?" (1 Coríntios 6:15).

Eu me lembro de ter lido um adesivo na caixa de ferramentas de um mecânico que dizia: "Não peça minhas ferramentas emprestadas. Eu as uso para alimentar minha família." Um pedido compreensível. Para fazer seu trabalho, o mecânico precisava das ferramentas. Ele precisava que elas estivessem presentes e inteiras. Quando ele procurasse sua chave inglesa, ele queria encontrá-la. Quando ele puxasse a chave de fenda, ele queria que ela estivesse limpa. O trabalho dele era importante; logo, suas ferramentas eram importantes.

Seu corpo não é um brinquedo. Pelo contrário, seu corpo é uma ferramenta.

Meu corpo é para ele 83

Que trabalho é mais importante que o de Deus? Isso não justifica o fato de que as ferramentas de Deus sejam mantidas?

Espere um momento. Eu ouvi você bufando. *Manter meu corpo? Eu não quero falar sobre meu corpo.*

Nós já ouvimos o bastante, não é? Comer refeições balanceadas. Fazer exercícios regularmente. Evitar gorduras. Comer proteína. Descansar. Já ouvimos o bastante. E nós já estragamos tudo. Cada um de nós já estragou. De um jeito ou de outro todos nós já administramos mal o nosso corpo. Você está pensando, *Max está dando uma de juiz da culpa.* Não estou. Você não precisa de um puxão de orelha. Um lembrete talvez, mas um puxão de orelha? Não. Sim, sua barriga pode estar meio mole, mas seu coração também está. Mole para Cristo. Mole para os outros. De outra forma você não estaria lendo este livro. Continue assim. "O exercício físico é de pouco proveito; a piedade, porém, para tudo é proveitosa, porque tem promessa da vida presente e da futura" (1 Timóteo 4:8). Se você for forçado a escolher, fique com o coração mole em vez de o corpo duro.

Mas não acho que uma escolha seja obrigatória. Mantenha os instrumentos de Deus. Alimente-os. Quando ele precisa de um implemento vigoroso — um servo que esteja descansado o suficiente para servir, abastecido o suficiente para trabalhar, alerta o suficiente para pensar — deixe-o encontrar esse implemento em você.

Mais importante, ele vive em você. "Acaso não sabem que o corpo de vocês é santuário do Espírito Santo que habita em vocês?" (1 Coríntios 6:19). Paulo escreveu essas palavras em oposição à obsessão sexual dos Coríntios. "Todos os outros pecados que alguém comete, fora do corpo os comete; mas quem peca sexualmente, peca contra o seu próprio corpo" (1 Coríntios 6:18).

Que evangelho libertador! Nenhuma mensagem voa mais para o norte que essa. Você sabe o hino sexual de nossos tempos:

"Eu faço o que quiser com meu corpo. Ele é meu." A resposta firme de Deus? "Não, não é. Ele é meu."

Entenda, Deus não é contra o sexo. Esqueça qualquer informação sobre Deus ser contra a afeição e contra as relações sexuais. Afinal de contas, ele desenvolveu o pacote completo. O sexo foi ideia dele. Pela perspectiva dele o sexo não é menos sagrado.

Ele vê a intimidade sexual da forma que eu vejo a Bíblia de nossa família. Passado de pai para filho pela família de meu pai, o volume tem 100 anos e trinta centímetros de espessura. Repleta de litografias, rabiscos, e uma árvore genealógica, é, a meu ver, de valor inestimável. Portanto, uso-a com cuidado.

Quando preciso de um banquinho, não procuro a Bíblia. Se o pé da minha cama quebra, eu não uso a Bíblia da família como calço. Quando eu preciso de um papel velho para embrulhar algo, eu não rasgo uma folha desse livro. Eu reservo essa relíquia de família para momentos especiais e a mantenho em um local cuidadosamente escolhido.

Respeite o sexo da mesma forma — como um presente sagrado para ser aberto em um lugar especial em momentos especiais. O lugar especial é o casamento, o momento especial é com seu cônjuge.

Sexo casual, intimidade fora do casamento, relembra a maneira de viver coríntia. Ela simula que nós podemos dar o corpo e não afetar a alma. Não podemos. Nós, humanos, somos tão intrinsecamente psicossomáticos que qualquer coisa que toque o *corpo* tem impacto em nossa *psique* também. A frase egoísta "contanto que ninguém mais se machuque" parece nobre, mas a verdade é: nós não sabemos quem se machuca. O pensamento centrado em Deus nos resgata do sexo que pensávamos que nos faria feliz. Você pode pensar que seus galanteios são inofensivos, e anos podem se passar antes que raios X revelem os danos internos, mas não se engane. O sexo casual é uma dieta à base de chocolate — tem um gosto bom

Meu corpo é para ele

por um tempo, mas o desequilíbrio pode arruinar tudo. O sexo à parte do plano de Deus magoa a alma.

O sexo de acordo com o plano de Deus alimenta a alma. Considere o plano dele. Dois filhos de Deus fazem um acordo. Eles desarmam os assentos ejetáveis. Eles queimam a ponte que os levaria de volta à casa da mamãe. Eles se abraçam sob o toldo das bênçãos de Deus, rodeados pelos altos muros de fidelidade. Ambos sabem que o outro estará lá pela manhã. Ambos sabem que o outro estará por perto quando a pele enrugar e o vigor esvair-se. Cada um dá privilégios exclusivos para o outro. A culpa se foi. A luxúria indisciplinada se foi. O que sobra é a celebração da permanência, um momento tenro em que o corpo continua o que a mente e a alma começaram. Um momento em que "o homem e sua mulher viviam nus, e não sentiam vergonha" (Gênesis 2:25).

Esse tipo de sexo honra a Deus. Esse tipo de sexo satisfaz os filhos de Deus. Muitos anos atrás o *USA Today* escreveu o seguinte artigo:

Ahá; chame isso de a vingança das beatas. Sigmund Freud disse que elas sofriam de uma "neurose obsessiva" acompanhada por culpa, emoções suprimidas e sexualidade reprimida. O antigo comediante do programa *Saturday Night Live*, Dana Carvey, as satirizava como puritanas irritadas que acreditavam que o sexo era completamente sujo. Mas muitas pesquisas importantes mostram que as beatas (e os homens que dormem com elas) estão entre as pessoas mais sexualmente satisfeitas da face da Terra. Pesquisadores da Universidade de Chicago parecem pensar assim. Há alguns anos, quando eles publicaram os resultados da pesquisa sobre sexo "mais compreensível e metodológica" já conduzida, eles relataram que as mulheres religiosas experimentavam níveis significantemente mais altos de satisfação sexual em comparação com as mulheres que não seguiam religião alguma.[1]

(Estou pensando que esse artigo poderia ser uma efetiva ferramenta para o evangelismo.)

Seu corpo, ferramenta de Deus. Mantenha-o.

Seu corpo, templo de Deus. Respeite-o.

"Vocês foram comprados por alto preço. Portanto, glorifiquem a Deus com o seu próprio corpo" (1 Coríntios 6:20).

Administre a casa de Deus de forma tal que faça com que os pedestres parem e notem. "Quem mora naquela casa?", eles irão perguntar. E quando ouvirem a resposta, Deus será honrado.

Capítulo 12

Minhas batalhas são dele

MARTIN E GRACIA BURNHAM SE casaram tendo em seus corações o trabalho missionário.[1] Por dezessete anos eles serviram a Deus nas Filipinas. Com três filhos nascidos durante sua missão e com habilidades valiosas no programa de aviação do ministério, eles estavam adaptados e eram essenciais para o trabalho. Ele, puro. Ela, graciosa e convicta.

Então, por que Deus não parou as balas? Por que ele deixou que ela fosse baleada? E por que Deus o deixou morrer?

Em 27 de maio de 2001, enquanto estavam celebrando seu décimo oitavo aniversário de casamento em um *resort* na praia, Martin e Gracia foram feitos reféns por uma organização terrorista ligada a Osama bin Laden. Os sequestradores acorrentaram o casal a guardas, fizeram com que marchassem pela selva, e racionaram sua comida. Eles passaram por dezessete tiroteios e passaram mais de cem dias lutando por sua sobrevivência. A saúde deles deteriorou, mas sua fé permaneceu intocada. "Nós talvez não saiamos desta selva vivos", disse Martin, "mas pelo menos podemos deixar este mundo servindo ao Senhor com felicidade." Uma premonição levou Martin a escrever uma carta de adeus para seus filhos.

A premonição se cumpriu. Em 7 de junho de 2002, guardas-florestais filipinos atacaram o acampamento terrorista, acertando Martin e Gracia no fogo cruzado. Uma bala penetrou a perna dela. Outra tirou a vida dele. Ela ficou viúva, e a nós resta perguntar por quê. É assim que Deus honra seus escolhidos? Como você explica tal tragédia?

E enquanto você pensa na tragédia deles, como explica a sua? As tensões em casa. As exigências no trabalho. As contas em sua mesa ou o tumor em seu corpo. Você não foi sequestrado, mas você ocasionalmente não é pego de surpresa pelo silêncio de Deus? Ele sabe o que você está enfrentando. Como explicamos isso?

Talvez Deus tenha feito uma confusão. As células cancerígenas rastejaram para dentro de seu DNA e ele não estava olhando. Ele estava tão ocupado com o tornado no Kansas que ele se esqueceu da fome em Uganda. Ele tentou mudar o temperamento teimoso de seu cônjuge, mas não conseguiu fazê-lo mudar. Um criador estabanado? Um criador distraído? Quais evidências o evangelho nos dá para apoiar tal visão? Que evidência a criação oferece? O criador do céu e da Terra não pode lidar com o tráfego congestionado e prevenir maus casamentos? Claro que pode. Então, por que não o faz?

Talvez ele esteja com raiva. Será que torramos a conta-corrente da misericórdia de Deus que cada oração bate e volta como um cheque sem fundos? Será que a humanidade está fora da linha há milênios e agora estamos recebendo o que merecemos? Tal argumento carrega uma pitada de mérito. Deus nos deixa à própria sorte das consequências de nossas decisões estúpidas. Pense nos soldados egípcios no Mar Vermelho, os hebreus na Babilônia, em Pedro chorando por conta do som do gralhar de um galo em

Minhas batalhas são dele

seus ouvidos. Bata com sua cabeça na parede, e espere por uma dor de cabeça. Deus nos deixa resistir à fruta do pecado. Mas taxá-lo de irritado e impaciente? Para fazer isso você terá que passar a tesoura em algumas passagens generosas de sua Bíblia tal qual:

O SENHOR é compassivo e misericordioso, mui paciente e cheio de amor.

"Não acusa sem cessar nem fica ressentido para sempre";

Não nos trata conforme os nossos pecados nem nos retribui conforme as nossas iniquidades.

"Pois como os céus se elevam acima da terra, assim é grande o seu amor para com os que o temem."

(Salmo 103:8-11)

Não coloque o sofrimento do mundo na raiva de Deus. Ele não está com raiva, ele não se atrapalha. Vá até a fonte de seus problemas e você não encontrará um Deus raivoso ou desonrado. Mas encontrará a soberania de Deus.

Sua dor tem um propósito. Seus problemas, suas batalhas, seus pesares e suas dificuldades convergem em direção a um fim — a glória de Deus. "Clame a mim no dia da angústia; eu o livrarei, e você me honrará" (Salmo 50:15).

Não é uma tarefa fácil. Não para mim, nem para você. Nem para o homem cego ao lado da estrada. Quando Jesus e seus seguidores passaram por ele, os discípulos fizeram uma pergunta.

Ao passar, Jesus viu um cego de nascença. Seus discípulos lhe perguntaram: "Mestre, quem pecou: este homem ou seus pais, para que ele nascesse cego?" Disse Jesus: "Nem ele nem seus pais pecaram, mas isto aconteceu para que a obra de Deus se manifestasse na vida dele." (João 9:1,3)

Cego de nascença. Uma vida de escuridão. Nunca viu o sorriso da mãe ou o sol se pondo. *Quem fez isso?*, os discípulos se perguntaram, ansiosos para culpar alguém. Tal situação difícil pode ser ligada a uma má ação. Certo?

Sua dor tem um propósito. Seus problemas, suas batalhas, seus pesares e suas dificuldades convergem em direção a um fim — a glória de Deus.

Errado, Jesus responde. Não procure na árvore genealógica. Não peça uma cópia do currículo dele. Coloque a cegueira dele como uma vontade de Deus. Por que o homem não tinha visão? Para que "os trabalhos de Deus sejam exibidos nele."

Talvez ele preferisse outro papel no drama humano. Comparado com outros, sua tarefa tinha pouco *glamour*.

— Maria, seja a mãe de meu filho.

— Pedro, você será meu primeiro pregador.

— Mateus, o primeiro evangelho? É todo seu.

E então Deus se vira para este homem:

— E você?

— Sim, Senhor?

— Você será cego pela minha glória.

— Eu serei cego?

— Sim.

— Pela sua glória?

— Sim.

— Mas eu não entendo.

— Você saberá.

O homem cego não era o único candidato a deixar uma reclamação. Considere o caso de Marta e Maria. Amigas de Jesus. Confidentes. Ele ficou na casa delas e comeu em sua mesa. E quando o irmão delas, Lázaro, ficou doente, as irmãs enviaram uma mensagem a Jesus. Se o Nazareno iria curar alguém, seria Lázaro.

Errado de novo. "Ao ouvir isso, Jesus disse: 'Essa doença não acabará em morte; é para a glória de Deus, para que o Filho de Deus seja glorificado por meio dela'" (João 11:4).

Febril, grudento, batendo à porta da morte, por quê? Porque ele comeu comida gordurosa? Não cuidou de sua saúde? Bebeu demais? Nenhuma das respostas. Ele estava doente pelo bem de Deus. Chame isso de o papel da doença. De que outra forma você explicaria o enigma dos próximos dois versos?

"Jesus amava Marta, a irmã dela e Lázaro. No entanto, quando ouviu falar que Lázaro estava doente, ficou mais dois dias onde estava" (João 11:5, 6).

Fale sobre reviravoltas. Você espera que o verso fale: "Jesus amava Marta, a irmã dela e Lázaro... Então fez um retorno rápido para a casa deles para curar Lázaro." Mas o oposto aconteceu. Porque Jesus amava o trio, ele se demorou até que Lázaro morreu.

A cegueira demonstra os trabalhos do Cristo? A morte glorifica o poder do Cristo? Como pode ser?

Estou passando os olhos por meu escritório para encontrar uma resposta. Um porta-retratos mostra minha foto preferida de Denalyn. Um pedestal de metal mostra um vaso antigo. Meu irmão me deu uma janela de vidro temperado de uma igreja do interior. Ela está exposta graças a dois arames e dois ganchos. Porta-retratos e pedestais de metal,

Há alguma chance, alguma possibilidade, de você ter sido selecionado para lutar pela glória de Deus?

arames e ganchos — ferramentas diferentes, o mesmo trabalho. Eles expõem tesouros.

O que essas ferramentas fazem por artefatos o cego fez por Cristo. Ele era a moldura por onde o poder de Jesus era visto, o pedestal onde o milagre de Jesus foi colocado. Nascido cego para mostrar a força dos céus. Você supõe que a percepção de sua visão exibiu o trabalho de Cristo?

E o pulso fraco e o último suspiro de Lázaro? Você acha que a notícia de um homem morto há três dias visto saindo de sua tumba amplificou o poder de Deus?

E você? Agora a coisa fica mais feia. E sobre suas batalhas? Há alguma chance, alguma possibilidade, de você ter sido selecionado para lutar pela glória de Deus? Será que a você "foi dado o privilégio de não apenas crer em Cristo, mas também de sofrer por ele" (Filipenses 1:29)?

Aqui está uma pista. Parece que suas preces não estão sendo respondidas? O que você pede e o que recebe não batem? Não pense que Deus não está ouvindo. Na verdade, ele está. Ele provavelmente tem planos mais altos.

Aqui está outra pista. As pessoas se fortalecem por suas batalhas? Um amigo meu pode responder que sim. O câncer dele estava consumindo mais do que seu corpo; estava comendo também sua fé. Pedidos sem resposta o deixavam perplexo. Cristãos com boa vontade o confundiam. "Se você tiver fé", eles diziam, "você será curado".

A cura não veio. Apenas mais quimioterapia, náusea e perguntas. Ele presumiu que a culpa era da pouca fé. Eu sugeri outra resposta, "Não se trata de você", disse para ele. "Seu quarto de hospital é uma vitrine para seu Criador. A sua fé diante do sofrimento aumenta o volume da canção de Deus."

Ah, você deveria ter visto o alívio no rosto dele. Saber que não havia falhado para com Deus e que Deus não havia falhado com ele — isso fez toda a diferença. Ver sua doença pelas lentes do plano soberano de Deus deu uma sensação de dignidade à sua condição. Ele aceitou seu câncer como uma tarefa enviada pelos céus: um missionário na ala dos cancerosos. Uma semana depois eu o encontrei novamente. "Eu refleti Deus", ele disse com um sorriso em seu rosto magro, "para as enfermeiras, para os médicos, para meus amigos. Ninguém sabe quem precisava ver Deus, mas eu fiz o meu melhor para que ele fosse visto."

Bingo. O câncer dele fez o poder de Jesus desfilar na passarela principal de sua vida. Ele, o homem cego, Lázaro e milhares de outros formam uma sociedade única; os selecionados para sofrer pela glória de Deus. A sua luz se espalha através de suas vidas dolorosas e se esparrama em uma cascata de cores. Lampejos de Deus.

Deus usará o que quiser para mostrar sua glória. Céus e estrelas. História e nações. Pessoas e problemas. Um casal sequestrado nas Filipinas. Meu pai doente no oeste do Texas.

Os três últimos anos da vida dele foram marcados pela ELA.* A doença o levou de mecânico saudável a um paralítico preso em uma cama. Ele perdeu a voz e os músculos, mas nunca perdeu a fé. As visitas notavam. Não pelo que ele falava, mas pelo que não falava. Nunca irado ou amargo, Jack Lucado sofreu imponente.

A sua fé diante do sofrimento aumenta o volume da canção de Deus.

Sua fé levou um homem a procurar uma fé similar. Depois do funeral, um homem me procurou e me disse que por conta do exemplo do meu pai, ele se tornou um seguidor de Jesus.

Deus orquestrou a doença de meu pai por essa razão? Sabendo do valor que ele deposita em uma alma, eu não me surpreenderia. E imaginando o esplendor do céu, eu sei que meu pai não está reclamando.

---

*Esclerose Lateral Amiotrófica.

Uma temporada de sofrimento é uma pequena tarefa quando comparada com a recompensa.

Em vez de se ressentir com seu problema, explore-o. Pondere. E, acima de tudo, use-o. Use-o para a glória de Deus.

Martin e Gracia o fizeram.

Durante seu cativeiro, eles não somente falaram de Jesus, eles viveram Jesus. Não reclamaram. Fizeram seu trabalho e se ofereceram para mais. Acorrentados todas as noites a um guarda, Martin sempre desejou a seus captores uma boa noite e lhes falou sobre Jesus. Os Burnham permitiram que Deus utilizasse o sofrimento deles pela sua glória.

Por causa da morte de Martin, as nações ao redor do mundo ouviram o nome de Cristo. Eu ouvi a reportagem em um noticiário em Londres, Inglaterra. Milhões viram a figura contida de sua esposa e ouviram uma entrevista emocionante com o pai dele, o qual disse que Deus iria chegar a eles por meio daquele incidente. Cada uma das grandes emissoras dedicou minutos preciosos para a história de um homem que amava a Cristo mais do que a vida.

Por meio da luta dos Burnham, Deus foi visto.

Por meio da morte de Martin, Deus foi visto.

Por meio de seus problemas e dos meus, ele também foi visto.

Capítulo 13

Meu sucesso é para ele

QUANTO VOCÊ CONHECE sobre as organizações a seguir?

W/Brasil

Talent

DPZ

E aí, como foi? Não tão bem? Se não, as empresas acima ficam felizes. Agências de publicidade não existem para fazer nome para elas mesmas. Elas existem para fazer um nome para outros. Mesmo que você não conheça as empresas, será que não está familiarizado com o trabalho delas?

"O primeiro Valisére a gente nunca esquece", dizia o slogan da campanha da W/Brasil na década de 1980 para mocinhas.

A Talent criou um dos slogans mais conhecidos do Brasil: "Bonita camisa, Fernandinho.", para a marca US Top.

Você pode nunca ter ouvido falar na DPZ, mas foi essa agência que criou uma campanha memorável para o presunto Sadia. Um garotinho com os olhos vendados experimentava diversas marcas de presunto, em um dos presuntos que não era Sadia, ele dizia: "*Tá* querendo me enganar, é?"

Nós poderíamos aprender uma lição com essas agências. O que elas fizeram por seus clientes, nós existimos para fazer por Deus. Viver "segundo a sua imagem [...] sendo transformados com glória" (2 Coríntios 3:18).

Como a agência publicitária dos céus nós promovemos Deus em cada área da vida, incluindo o sucesso.

Isso mesmo — até mesmo seu sucesso pretende refletir Deus. Veja o que Moisés disse para as crianças de Israel: "Mas, lembrem-se do SENHOR, o seu Deus, pois é ele que lhes dá a capacidade de produzir riqueza, confirmando a aliança que jurou aos seus antepassados, conforme hoje se vê" (Deuteronômio 8:18).

De onde vem o sucesso? Deus. "O seu Deus, pois é ele que lhes dá a capacidade de produzir riqueza" (Deuteronômio 8:18).

E por que ele o faz? Por sua reputação: "confirmando a aliança que jurou aos seus antepassados, conforme hoje se vê" (Deuteronômio 8:18).

Deus abençoou Israel para dar cartaz à sua fidelidade. Quando os estrangeiros se depararam com as fazendas cultivadas da Terra Prometida, Deus não queria que eles pensassem no fazendeiro, mas naquele que o fez. O sucesso deles anunciou Deus.

Nada mudou. Deus permite que você sobressaia para que você possa fazê-lo ser percebido. E você pode ter certeza de uma coisa: Deus irá fazer com que você seja bom em algo. Este é o princípio dele: "A recompensa da humildade e do temor do SENHOR são a riqueza, a honra e a vida" (Provérbios 22:4).

Nós esperaríamos menos que isso? Uma vida centrada em Deus normalmente resulta em sucesso. Considere um pedreiro, por exemplo. Imagine um rapaz encrenqueiro e beberrão. Antes de ele conhecer Cristo ele não é um bom empregado. Ressacas

Meu sucesso é para ele

frequentes, gastos exagerados. Sorrateiramente sai mais cedo nas tardes de sexta... Ele apronta tudo isso. E ele paga o preço — atrasa contas, faz acordos com seus débitos, um currículo que parece uma ficha policial.

Mas então Cristo o encontra. Deus não apenas salva sua alma, mas também endireita seus hábitos. O rapaz aparece no horário certo. Faz seu trabalho. Para de reclamar e começa a se oferecer. Tudo melhora — atitude, produtividade, cooperação.

E adivinha quem nota? O chefe dele. E adivinha o que acontece? Promoções. O salário aumenta. Um carro da empresa e um cartão de crédito. Sucesso. Mas com o sucesso um problema aparece.

Pergunte a Nadabe, Elá e Onri. Ou entreviste Acabe, Acazias ou Jeorão. Peça a esses homens que falem um pouco sobre o problema com o sucesso. Você pode estar pensando: *Eu perguntaria, se soubesse quem são.* É aí que quero chegar. Nós deveríamos conhecer esses homens. Eles eram os reis de Israel. Foram coroados..., mas

Deus permite que você sobressaia para que você possa fazê-lo ser percebido.

algo relativo à coroação os fez cair. Seus legados são manchados com derramamento de sangue e louvor a ídolos. Eles falharam em seu sucesso. O rei Nadabe simbolizou todos eles: "Fez o que o SENHOR reprova, andando nos caminhos do seu pai e no pecado que ele tinha levado Israel a cometer" (1 Reis 15:26).

Um trono não vai ser oferecido para você, mas você pode receber o melhor escritório da empresa, uma bolsa, um prêmio, um novo contrato, um aumento de salário. Você não irá receber um reino para supervisionar, mas pode receber casa, empregados; ou alunos, ou dinheiro, ou recursos. Você irá, de uma forma ou de outra, ter êxito.

E quando você o fizer você talvez se sinta tentado a esquecer quem o ajudou. O sucesso sabota a memória do bem-sucedido. Reis da montanha se esquecem de quem os carregou pelo caminho.

A pulga o fez. Uma antiga fábula conta que um elefante atravessava desajeitadamente uma ponte de madeira sobre uma ravina. Enquanto o enorme animal cruzava a estrutura desgastada, ela estalava e rangia com o peso dele. Quando ele alcançou o outro lado, uma pulga que estava aninhada na orelha do elefante falou: "Rapaz, como balançamos aquela ponte!"[2]

A pulga não havia feito nada! O elefante havia feito todo o trabalho.

Uma declaração digna de uma pulga! Não fazemos o mesmo? O homem que pediu ajuda na faculdade de medicina 10 anos atrás está muito ocupado para louvar hoje. Naquela época, quando a família lutava para ganhar seus dias, eles contavam com Deus pelo pão de cada dia. Agora que eles têm um carro a mais na garagem e um tilintar no bolso, eles

O sucesso sabota a memória do bem-sucedido. Reis da montanha se esquecem de quem os carregou pelo caminho.

não têm conversado com ele há algum tempo. Nos primórdios da igreja, os membros fundadores ocupavam horas com orações. Hoje, a igreja é grande, bem frequentada, bem fundamentada. Quem precisa orar?

O sucesso gera amnésia. No entanto, não precisa gerar. Deus oferece um ginseng espiritual para ajudar sua memória. A descrição dele é simples: "Conheça o propósito do sucesso." Por que Deus lhe ajudou a ser bem-sucedido? Para que você possa torná-lo conhecido.

David Robinson sabe disso. E por falar em alguém a quem Deus deu talento, esse jogador de dois metros e treze de altura que

Meu sucesso é para ele

joga no *San Antonio Spurs* era bom. Por quatorze temporadas ele dominou a liga: MVP, *All Stars*, dois anéis de campeonatos, duas medalhas Olímpicas. Mas foi seu caráter que chamou a atenção do público. As palavras a seguir apareceram no *Washington Times* no dia seguinte da vitória do último campeonato em que ele participou:

> Robinson mostrou que um jogador não precisa ser vulgar ou sujo para ser eficiente. Ele não teve que encher seu corpo com tatuagens ou deixar as cidades da NBA cheias de filhos ilegítimos. Robinson nunca sentiu a necessidade de chamar a atenção para ele, de rebolar atrás de uma boa jogada ou de um ponto, como se dissesse: "Olhem para mim. Não sou especial?"
>
> Os bons garotos ganharam. Robinson ganhou. A decência ganhou. Todos ganhamos.[2]

Minutos depois de levantar o troféu, David foi entrevistado por uma emissora nacional. "As pessoas de San Antonio sabem o que vou dizer", ele disse para a repórter. E nós sabíamos. Nós sabíamos porque já tínhamos ouvido e visto aquilo. "Toda a glória vai para Deus", ele anunciou.

Três mil anos atrás outro Davi declarou a mesma verdade. "A riqueza e a honra vêm de ti; tu dominas sobre todas as coisas. Nas tuas mãos estão a força e o poder para exaltar e dar força a todos" (1 Crônicas 29:12).

"Não foi pela espada que conquistaram a terra, nem pela força do seu braço que alcançaram a vitória; foi pela tua mão direita, pelo teu braço, e pela luz do teu rosto, por causa do teu amor para com eles" (Salmo 44:3).

Eu conheço um sapo que precisava desses versos. Ele tinha um problema concreto. Sua lagoa estava secando. Se ele não encontrasse água rápido, ele iria secar também. Ele ouviu falar de um riacho que ficava logo depois da montanha mais próxima. Se ele pelo menos pudesse viver lá... Mas como poderia? As pernas curtas de um sapo não foram feitas para longas jornadas.

Mas então ele teve uma ideia. Convencendo dois pássaros a carregarem, cada um, a ponta de um graveto, ele mordeu o centro do graveto e se segurou enquanto voavam. Enquanto eles voavam em direção à água, sua mandíbula segurava firme. Em terra, uma vaca que estava em um pasto viu aquela cena inusitada. Impressionada, ela pensou alto: "Quem foi que teve essa ideia?" O sapo ouviu a pergunta e não pôde resistir em respondê-la: "Eu tiiiiii..."

> Tudo se trata dele — sua glória presente e futura.

Não cometa o mesmo erro. "O orgulho vem antes da destruição; o espírito altivo, antes da queda" (Provérbios 16:18). Por que você é bom no que faz? Para seu próprio conforto? Para sua aposentadoria? Por sua autoestima? Não. Considere-os como bônus, não como a razão. Por que você é bom no que faz? Pelo amor de Deus. Seu sucesso não se trata do que você faz. Tudo se trata dele — sua glória presente e futura.

Capítulo 14

Pensamento elevado

"Então, você gosta de autores judeus?"

O rapaz que perguntou isso estava sentado no assento do corredor. Eu estava na janela, o que significava que eu tinha vista para a pista. A equipe de mecânicos estava consertando um amassado feito por um pássaro na asa. Enquanto eles trabalhavam, eu lia. Enquanto eu lia a minha Bíblia, o rabino me interrompeu.

"Então, você gosta de autores judeus?"

O brilho em seus olhos entregava seu prazer ao realizar a pergunta. A barba, que ia até o peito, não escondia seu sorriso. Eu o havia visto no saguão antes. Os enfeites em sua camisa e seu solidéu me levaram a acreditar que ele era do tipo devoto e calado.

Devoto. Sim. Mas calado? Ele adorava falar. Ele adorava falar sobre o Torá. Eu estava ali para uma aula. Inserido em cerimônias e nas leis de Moisés, ele explicava, estão as figuras de Deus. Quem poderia oferecer um sacrifício e não chorar pela glória de Deus? Quem poderia ler sobre servos redimindo seu semelhante e não pensar em Deus redimindo a todos? E quem poderia ler o terceiro mandamento sem se lembrar de viver a glória de Deus?

Pedi um tempo, abri o Êxodo, e li o terceiro mandamento: "Não tomarás em vão o nome do SENHOR" (20:7). Minha expressão de dúvida foi suficiente para pedir uma explicação.

"Não pense em linguagem, pense em estilo de vida", ele instruiu. "O mandamento nos pede para elevar o nome ou a reputação de Deus para o lugar mais alto. Nós existimos para honrar seu nome, posso exemplificar?"

Naquele momento, a asa danificada já estava pronta (a do avião, não posso falar pelo pássaro). E enquanto ganhávamos altitude, o rabino também o fazia. Tomei notas. Ele prosseguiu criando uma história sobre um arranha-céu de Manhattan. Todos no prédio trabalham para o diretor-geral, o qual trabalha no último andar. A maioria nunca o viu, mas eles já viram sua filha. Ela trabalha para o pai no prédio. Ela explora a posição de sua família em seu benefício.

Nós existimos para honrar seu nome.

Certa manhã, ela se aproxima de Bert, o segurança. "Estou com fome, Bert. Desça e me compre um pão doce."

A ordem deixa Bert em um dilema. Ele está trabalhando. Se deixar seu posto, ele colocará o prédio em risco. Mas a filha de seu chefe insiste: "Ande logo!"

Que opção ele tem? Enquanto deixa o prédio, ele não consegue pensar em outra coisa senão *Se a filha é tão mandona, o que isso me diz sobre o pai?*

Ela está apenas começando. Comendo seu pão, ela esbarra em uma secretária carregando uma pilha de papéis.

— Onde você está indo com todos estes papéis?

— Vou encaderná-los para a reunião da tarde.

Pensamento elevado

— Esqueça a reunião. Venha até meu escritório e aspire o carpete.

— Mas me pediram...

— E eu estou lhe pedindo outra coisa.

A mulher não tem escolha. Afinal de contas, é a filha do patrão que está falando. O que faz com que a secretária questione a sabedoria do chefe.

E assim a filha continua. Dando ordens. Dando tiros no escuro. Interrompendo horários. Nunca invocando o nome do pai. Nunca complementando seus comentários com "Meu pai disse..."

Não há necessidade.

Ela não é a filha do patrão? A filha não fala pelo pai? E então Bert abandona seu posto. Uma assistente não termina uma tarefa. E mais de um empregado questiona a sabedoria do homem que está no andar de cima. *Será que ele realmente sabe o que está fazendo?*, eles pensam.

O rabino faz uma pausa. Ambos sentimos o avião descer. O tempo dele está curto. Mas seu ponto de vista estava claro. A filha desonrou o nome do pai, não usando uma linguagem vulgar, mas levando uma vida insensata. Continue assim que o prédio inteiro logo vai questionar o diretor-geral.

Mas meu companheiro de viagem não havia terminado. Ele coçou o queixo barbudo, levantou ambas as sobrancelhas e propôs, "Mas e se a filha agisse diferente?", e então começou a remodelar a história.

Em vez de ordenar um pão doce para Bert, ela traz um para ele. "Pensei em você esta manhã", ela explica. "Você chega tão cedo. Você tem tempo de comer?", e ela lhe entrega o presente.

No caminho do elevador, ela esbarra em uma mulher com os braços cheios de documentos. "Nossa, desculpe. Posso ajudar?", a filha se oferece. A assistente sorri, e as duas carregam os papéis pelo corredor.

E então a filha ocupa-se com as pessoas. Ela pergunta sobre suas famílias, se oferece para pegar café. Novos empregados são bem recebidos, e empregados engajados são aplaudidos. Ela, por meio da gentileza e da preocupação, aumenta o nível de felicidade da empresa inteira.

Ela faz isso sem sequer mencionar o nome do pai. Nunca declara "Meu pai diz..." Não há necessidade. Ela não é filha dele? Não fala em seu nome? Reflete seu coração? Quando ela fala, eles presumem que ela fala por ele. E porque eles a consideram muito, eles também consideram muito o pai dela.

Eles não o viram.

Eles não o encontraram.

Mas eles conhecem a filha dele, então conhecem seu coração.

Nessa hora, o voo e minha lição de hebraico estavam terminando. Graças ao rabino, o terceiro mandamento agora tinha um novo significado.[1] Paulo, outro rabino, teria apreciado o ponto de vista. Ele escreveu: "Somos embaixadores de Cristo, como se Deus estivesse fazendo o seu apelo por nosso intermédio" (2 Coríntios 5:20). O embaixador tem uma meta única — representar seu rei. Ele promove a agenda do rei, ele protege a reputação do rei, e apresenta a vontade do rei. O embaixador eleva o nome do rei.

> Que nós não tenhamos nenhuma meta além de ver alguém pensar mais sobre nosso Pai, nosso Rei.

Posso fechar este livro com uma oração para que façamos o mesmo? Que Deus nos resgate de pensamentos egoístas. Que nós não tenhamos nenhuma meta além de ver alguém pensar mais sobre nosso Pai, nosso Rei. Afinal de contas, não se trata..., bem, você pode terminar essa frase.

Pensamento elevado

—Você sabe como a história termina? — o rabino perguntou quando estávamos taxiando para parar. Aparentemente ele tinha uma moral da história.

— Não, não sei. Como?

— A filha pega o elevador para o último andar para ver o pai. Quando ela chega, ele está esperando por ela na porta. Ele está ciente de seu bom trabalho e tem visto seus atos de bondade. As pessoas têm mais consideração por ele por conta dela. E ele sabe disso. Quando ela se aproxima, ele a recebe com seis palavras.

O rabino para e sorri.

— Quais são elas? Eu o encorajo, nunca esperando ouvir um judeu ortodoxo citar Jesus.

— Muito bem, bondosa e leal serva.

Que Deus o sustente até que você possa ouvir o mesmo.

Notas

Capítulo 3: Autopromoção divina

1. Êxodo 33:18; 1 Reis 8:10, 11; Ezequiel 3:23; Lucas 2:9; Hebreus 1:3; João 1:14; Marcos 9:1-13; 2 Pedro 1:16-18; Mateus 16:27; Apocalipse 21:23.

Capítulo 4: Diferença sagrada

1. Darren Brown. *The Greatest Exploration Stories Ever Told: True Tales of Search and Discovery*. Guilford, Conn.: Lions Press, 2003, pp. 207–209.

2. Brown. *Greatest Exploration Stories*, p. 223.

3. Jerry Bridges. *The Pursuit of Holiness*. Colorado Springs, Colo.: NavPress, 1978, p. 64.

4. Edward W. Goodrick, John Kohlenberger. *Zondervan NIV Exhaustive Concordance*, 2 ed. Jaes A. Swanson (ed.). Grand Rapids, Mich.: Zondervan Publishing House, 1999, p. 1487.

Capítulo 5: Só um momento

1. Frederick Buechner. *The Sacred Journey*. São Francisco: Harper e Row, 1982, pp. 9, 37, 76.

Capítulo 6: Sua mão inalterável

1. Rick Reilly. "*Sportsman of the Year: Lance Armstrong*". *Sports Illustrated*, 16 de dezembro de 2002, p. 56.

2. Rick Reilly. "*The Life of Reilly: Pool Shark*". *Sports Illustrated*, 24 de março de 2003, p. 126.

3. "*Barge Accident Cuts South Padre Island Off From Mainland Texas*". Disponível em http://www.thetimesharebeat.com/archives/2001/ts/ttsept50.htm; "*South Padre Island Collapse*" disponível em www.bridgepros.com/projects/queenisabellacauseway.

4. J.I.Packer. *O conhecimento de Deus*. São Paulo: Mundo Cristão, 2005.

Capítulo 7: O grande amor de Deus

1. John Bishop. *1041 Sermon Illustrations, Ideas and Expositions*. A. Gordon Nasby (ed.). Grand Rapids: Baker Book House, 1952, p. 213.

2. Rubel Shelly. *The ABC of the Christian Faith*. Nashville: Wineskins, 1998, p. 21-22.

Capítulo 8: Os espelhos de Deus

1. *Dictionary of American Naval Fighting Ships, Office of the Chief of Naval Operations, Naval History Division*. Disponível em: http://www.ibiblio.org/hyperwar/USN/ships/dafs/DD/dd400.html.

Notas **109**

Capítulo 9: Minha mensagem é sobre ele

1. Mike Flanagan et al. *The Complet Idiot's Guide to the Old West*. Nova York: Alpha Books, 1999, p. 171-73.

2. Rick Atchley. *God's Love Does Not Change*. Gravação de um sermão. Richland Hills Church of Christ, Fort Worth, Texas, 28 de julho de 1996.

Capítulo 10: Minha salvação vem dele

1. Alvin Toffler. *O choque do futuro*. Rio de Janeiro: Record, 1970.

2. James O. Jackson. *"The Fatal Dive"*. *Time,* 28 de agosto de 2000, p. 30.

3. J. Alec Mortyer et al. *The Message of Philippians*. Downers Groove, Ill.: InterVarsity Press, 1984, p. 166.

Capítulo 11: Meu corpo é para ele

1. William R. Mattox Jr. *"Aha! Call it the Revenge of the Church Ladies"*. *USA Today*, 11 de fevereiro de 1999, p. 15A.

Capítulo 12: Minhas batalhas são dele

1. Leia a história inteira de Martin e Gracia em: Gracia Burnham, Dean Merrill. *In the Presence of My Enemies*. Wheaton, Ill.: Tyndale House, 2003.

Capítulo 13: Meu sucesso é para ele

1. Anthony de Mello. *Taking Flight: A Book of Story Meditations*. Nova York: Dubleday, 1988, p. 99.

2. Tom Knott. *"Admiral Deservesa Salute from All"*. *Washington Times*, 17 de junho de 2003.

Capítulo 14: Pensamento elevado

1. Em apreciação ao rabino Daniel Thomsom por ter compartilhado essa história.

Guia de Estudo

POR STEVE HALLIDAY

Capítulo 1

ACABE COM O EGOCENTRISMO DA VIDA

Contemplando

1. O que Copérnico fez pela Terra, Deus faz por nossa alma. Dando tapinhas nos ombros da humanidade, ele aponta para o Filho — seu Filho — e diz: "Contemplem o centro de tudo."

   A. Por que você acha que nós, naturalmente, acreditamos que somos o centro do universo?

   B. Como Deus revela seu filho como o centro de tudo?

2. O que aconteceria se aceitássemos nosso lugar como refletores do filho de Deus?

   A. O que significa ser um "refletor do filho"?

   B. O que você acha mais difícil em seu papel como um "refletor do filho"? Por quê?

3. A vida faz sentido quando aceitamos nosso lugar. A vida centrada em Deus funciona. E nos resgata de uma vida que não funciona.

   A. Como a vida faz sentido quando aceitamos nosso lugar? O que você diria ser seu lugar?

   B. Como uma vida centrada em Deus nos resgata de uma vida que não funciona?

Refletindo

1. Leia Efésios 1:18-23.

    A. Por que Paulo ora no versículo 18? Qual a razão que ele dá para sua oração nos versículos 18,19?

    B. Liste todas as formas que Paulo usa para descrever Cristo nos versos 20-23. Como afeta você, pessoalmente, o fato de Cristo ser descrito dessas formas?

2. Leia 2 Coríntios 3:17,18.

    A. Como os crentes "refletem" a glória do Senhor? De que formas eles a refletem?

    B. O que acontece quando crescentemente se reflete a glória de Deus (v. 18)? Quem é o responsável por isso?

Capítulo 2

MOSTRE-ME SUA GLÓRIA

Contemplando

1. Quando nosso desejo mais profundo não é algo de Deus nem um favor vindo dele, mas o próprio Deus, cruzamos um limiar. Menos foco em nós mesmos, mais foco em Deus. Menos sobre mim, mais sobre ele.

    A. Qual seu desejo mais profundo? Como esse desejo é refletido na forma em que você vive?

    B. Você já cruzou esse limiar? Explique.

Guia de estudo

2. Você e eu precisamos do que Moisés precisou: uma espiada na glória de Deus. Tal visão pode mudá-lo para sempre.

   A. Você já deu uma espiada na glória de Deus? Se sim, descreva como e quando você teve essa visão.

   B. Por que uma espiada na glória de Deus deveria mudar alguém para sempre?

Refletindo

1. Leia Êxodo 33:12-34:10.

   A. Que instruções Deus passa para Moisés em 34:1-4? Como essas instruções aguçam a percepção de Moisés de que algo está para acontecer?

   B. Como Deus se descreve em 34:5-7? Como os atributos a que ele dá nome contribuem para sua glória?

   C. Como Deus responde ao último pedido de Moisés (34:10)? Isso deveria nos encher de esperança ou de medo? Por quê?

2. Leia 2 Coríntios 3:7-11.

   A. Como Paulo compara e contrasta o ministério de Moisés com o "ministério do Espírito"?

   B. De que forma o ministério de Moisés era um ministério que "trouxe condenação" (v.9)? Se o ministério condenava os homens, como podia ser tão "glorioso"?

   C. Por que o ministério do Espírito ofuscou o ministério de Moisés (v. 9-11)?

Capítulo 3

Autopromoção divina

Contemplando

1. Quando você pensa na "glória de Deus," pensa em "proeminência". E, quando você pensa em "proeminência", pensa em "prioridade". Porque a glória de Deus é a prioridade de Deus.

   A. Como você demonstra a "proeminência" de Deus em sua vida?

   B. Por que a glória de Deus é prioridade de Deus?

   C. Por que a glória de Deus deveria ser nossa prioridade? Quando não é, por que não é?

2. Deus não tem problemas de ego. Ele não revela sua glória para seu próprio bem. Não precisamos testemunhá-la para nosso bem.

   A. Como se responderia para alguém que reclamasse: "Deus deve ser muito vaidoso se ele está tão preocupado que todos vejam a glória dele"?

   B. Por que precisamos testemunhar a glória de Deus? Como isso nos ajuda?

3. Por que a Terra gira? Para ele. Por que você tem talentos e habilidades? Para ele. Por que você tem dinheiro ou pobreza? Para ele. Força ou batalhas? Para ele. Tudo e todos existem para revelar a glória dele. Inclusive você.

   A. De que maneiras você revela a glória de Deus?

   B. De que maneiras você acha que pode revelar melhor a glória de Deus?

Guia de estudo

Refletindo

1. Leia Êxodo 15:11-13.

   A. Como você responderia à pergunta do versículo 11?

   B. O que significa ser "majestoso em santidade"?

   C. O que significa ser "terrível em feitos gloriosos"?

   D. Como o amor e a força de Deus confortam e encorajam as pessoas de Deus (v. 13)?

2. Leia João 12:23-33.

   A. Como Jesus esperou ser "glorificado" (v. 23-24)?

   B. De que forma Jesus esperou que seguissem seu exemplo (v. 25-26)?

   C. Jesus esperava com prazer o que o aguardava (v. 27)? Em que ele teve seu último prazer?

   D. Como Deus aprovou Jesus e sua missão (v. 29)?

   E. Como Jesus viu sua missão (v. 30-33)? A descrição desses eventos trouxe algum benefício para seus seguidores?

Capítulo 4

DIFERENÇA SAGRADA

Contemplando

1. O primeiro e o último cântico da Bíblia ampliam a santidade de Deus.

A. O que santidade significa para você? Como você a descreve para alguém que não saiba nada sobre a Bíblia?

B. Por que você acha que o primeiro e o último cântico da Bíblia ampliam a santidade de Deus? O que é tão importante sobre a santidade dele?

2. A santidade de Deus silencia os que se vangloriam.

A. Quando você se sente mais tentado a se vangloriar?

B. Como a santidade de Deus silencia os que se vangloriam?

3. Mas Deus, que é rápido ao perdoar, expurga Isaías de seus pecados e redireciona sua vida.

A. Quando foi a última vez que você experimentou o rápido perdão de Deus e sua misericórdia plena? Descreva o que aconteceu.

B. Como Deus redirecionou sua vida?

Refletindo

1. Leia Êxodo 15:1-18 e Apocalipse 15:3,4.

A. Se você tivesse que reescrever o cântico do Êxodo para que ele refletisse um evento em sua vida, o que você diria?

B. Qual a relação do cântico do Apocalipse com o medo, a glória e a santidade? Como sua própria vida reflete essa relação?

2. Leia Isaías 6:1-8.

A. Como Isaías reage à revelação da glória de Deus (v. 5)? Como você teria reagido? Explique.

Guia de estudo   119

B. Qual foi o resultado da limpeza de Isaías (v. 8)? Como você acha que Deus quer usar a experiência de Isaías em sua vida?

Capítulo 5

SÓ UM MOMENTO

Contemplando

1. Deus não vê a história como uma progressão de séculos, mas como uma única fotografia. Ele captura sua vida, sua vida inteira, em apenas um lampejo.

   A. Como você se sente em saber que Deus sabe tudo sobre você e sobre tudo que virá a acontecer com você?

   B. Se Deus realmente pode capturar toda a sua vida em um único lampejo, então que sentido faz não levar em consideração os comandos e direções dele? Por que nós muitas vezes as desconsideramos?

2. Seu mundo se estende além do quintal do tempo. Uma eternidade o espera.

   A. Como você se sente sabendo que você foi criado como um ser eterno?

   B. Descreva um momento em que você sentiu a "eternidade" esperando-o.

3. O pesado se torna leve quando é contrabalançado pela eternidade.

   A. O que você sente que está realmente pesando para você neste momento? Como pode a lembrança da eternidade ajudá-lo a deixar a carga mais leve?

B. Quando você pensa em eternidade, o que vem à sua mente?

Refletindo

1. Leia 2 Coríntios 4:13-18.

   A. Que esperança fez com que Paulo continuasse (v. 14)?

   B. Como Paulo conseguiu não desanimar (v. 16)?

   C. Que comparação importante Paulo faz no versículo 17?

   D. Que dica importante de vida Paulo dá no versículo 18? Como você pode seguir essa dica na prática?

2. Leia Romanos 8:18-21.

   A. Que comparação Paulo faz no versículo 18? Como esse conhecimento o ajuda a continuar seu trabalho? Como isso pode ajudar você em seu trabalho?

   B. Afinal, quem está por trás da história do planeta Terra (v. 20)?

   C. Que esperança Paulo nos aponta no versículo 21?

Capítulo 6

SUA MÃO INALTERÁVEL

Contemplando

1. Se você está procurando um lugar sem mudanças, tente uma máquina de refrigerantes. Com a vida vem a mudança.

Guia de estudo   121

    A. Como sua vida mudou no último ano? Nos últimos cinco anos? Nos últimos dez anos?

    B. Como você espera que sua vida mude no próximo ano? Nos próximos cinco anos? Nos próximos dez anos?

    C. Como você lida com a mudança? Você normalmente a celebra ou resiste a ela? Explique.

2. Estabeleça seu rumo em direção à única Estrela do Norte no universo — Deus. Ainda que existam mudanças bruscas, ele nunca muda.

    A. Você está feliz por Deus não mudar? Explique.

    B. Por que o fato de Deus não mudar é algo bom?

3. Mas com a mudança vem a segurança tranquilizadora da permanência dos céus. A casa de Deus ficará para sempre de pé.

    A. Que esperança você sente sabendo que a casa de Deus estará para sempre de pé?

Refletindo

1. Leia Malaquias 3:6.

    A. Que declaração Deus faz nesse versículo?

    B. Que pedido Deus faz diante da luz dessa verdade?

    C. Como a natureza imutável de Deus afeta você?

2. Leia Hebreus 13:8.

    A. Que declaração o autor faz nesse versículo?

    B. Como você descreveria Jesus como ele era "ontem"?

C. Jesus está tratando você hoje da mesma forma que ele tratou seus discípulos no evangelho?

D. Como você espera que Jesus o trate no futuro? Explique.

Capítulo 7

O GRANDE AMOR DE DEUS

Contemplando

1. Deus ama você? Observe a cruz e contemple a resposta.

    A. Como a cruz demonstra o amor de Deus por você?

    B. Como momentos difíceis algumas vezes ofuscam o amor de Deus de seus olhos?

2. Você é valioso, mas não essencial. Você é importante, mas não indispensável.

    A. Por que é bom saber que você é valioso e importante? Por que é bom saber que você não é indispensável?

    B. O que implicaria para Deus se você fosse tanto essencial quanto indispensável?

3. Dizer "Não se trata de você" não é dizer que você não é amado, ao contrário. É justamente porque Deus ama você que não é sobre você.

    A. Como o fato de "não se tratar de você" mostra o amor de Deus?

    B. De que forma o sentimento de "não se tratar de você" demonstra a essência do pecado?

Guia de estudo 123

Refletindo

1. Leia João 3:13-15.

   A. Por que é importante saber de onde Jesus veio (v. 13)?

   B. Que imagem Jesus usa para ilustrar seu próprio ministério (v. 14; veja também Números 21:4-9)? O que deixa você mais perplexo com relação a essa imagem?

   C. Como alguém ganha a vida eterna, de acordo com o versículo 15?

2. Leia Efésios 3:16-19.

   A. O que Paulo mais queria que seus leitores compreendessem, de acordo com o versículo 18?

   B. De que forma o amor de Deus ultrapassa o conhecimento (v. 19)? Você já experimentou algo que faça disso uma verdade? Explique.

   C. Qual foi a última oração de Paulo para seus amigos crentes (v. 19)? Quanto do último desejo dele você já experimentou? Explique.

Capítulo 8

OS ESPELHOS DE DEUS

Contemplando

1. Reduza a descrição de trabalho humano para apenas uma frase, e ela será: Refletir a glória de Deus.

   A. O que significa refletir a glória de Deus?

B. Descreva um momento em que você sabia estar fornecendo um reflexo excelente da glória de Deus. O que aconteceu?

2. Poderia ser que o Espírito Santo intencionalmente tenha selecionado um verbo que nos lembraria de contemplar Deus tão intensamente a ponto de não conseguirmos fazer nada além de refleti-lo?

A. De que formas você contempla melhor a Deus?

B. Como suas contemplações o habilitam para refletir Deus?

3. Ele é a fonte, nós somos a taça. Ele é a luz, nós somos os espelhos. Ele envia a mensagem, nós a refletimos.

A. Pense na última vez em que você viu uma pessoa esquecer que Deus é a fonte e nós somos a taça. O que houve?

B. O que na maioria das vezes fica no caminho de você refletir efetivamente a mensagem de Deus para outros?

Refletindo

1. Leia Romanos 2:17-24.

A. Que vantagens Paulo lista para seus colegas judeus nos versículos 17-20? Você reconhece algumas dessas vantagens em sua vida? Explique.

B. Que desafio Paulo lança nos versículos 21-23? Por que ele o faz?

C. Que avisos Paulo nos dá no versículo 24? Como esses avisos são relevantes para nós hoje em dia? O que isso tem a ver com refletir Deus?

Guia de estudo 125

2. Leia 1 Coríntios 10:31.

   A. Como uma pessoa bebe da glória de Deus?

   B. Como uma pessoa come da glória de Deus?

   C. Como pode o fato de fazer tudo pela glória de Deus mudar não apenas o que você faz, mas também como você faz?

Capítulo 9

MINHA MENSAGEM É SOBRE ELE

Contemplando

1. Paulo viveu para entregar a mensagem. Como as pessoas iriam se lembrar dele era uma questão secundária. (Por que outro motivo ele se apresentaria como um escravo?)

   A. Por que você acha que Paulo se apresentava tão frequentemente como um escravo? De quem ele era escravo?

   B. Você se descreveria como um escravo? Explique.

2. Acredito que Satanás treina batalhões de demônios que sussurram uma pergunta em nossos ouvidos: "O que as pessoas estão pensando de você?"

   A. Por que nos preocupamos tanto com o que as pessoas podem estar pensando de nós?

   B. Como podemos nos treinar para não ouvir os batalhões de demônios de Satanás?

3. Deus não precisa nem de mim nem de você para fazer o trabalho dele. Nós somos mensageiros, embaixadores de sua vontade, não de nossa inteligência.

A. O que significa ser "embaixador da vontade" dele?

B. Que tipo de embaixador de Deus é você? A maioria das pessoas sabe quem você representa? Se sim, o que eles geralmente pensam dele?

Refletindo

1. Leia Mateus 6:1-4.

A. De acordo com o versículo 1, que tentações nós normalmente encontramos quando fazemos uma boa ação por outra pessoa? Que instruções Jesus nos dá? Que avisos?

B. Como nós, algumas vezes, anunciamos nossos atos de caridade com "trombetas" (v. 2-4)? Como Jesus nos instrui a proceder em vez disso? Que promessa ele nos dá por aqueles que escondem as palavras dele?

C. O que todos esses versículos têm a ver com a glória e a mensagem de Deus?

2. Leia 1 Coríntios 1:18: 31.

A. Qual grupo Paulo compara durante sua passagem? Por que ele faz tal comparação?

B. Por que nós recebemos a misericórdia e a glória de Deus, de acordo com o versículo 30?

C. A quem, sozinho, cabe se vangloriar de acordo com o versículo 31? Sobre o que esses indivíduos deveriam se vangloriar? Por quê?

Guia de estudo 127

Capítulo 10

MINHA SALVAÇÃO VEM DELE

Contemplando

1. O trabalho de Cristo é um salto para a alma. Confie nele e mergulhe.

   A. De que formas o trabalho de Deus é um salto para a alma?

   B. Como você confia no trabalho de Cristo e mergulha?

2. O legalismo diminui Deus e nesse processo faz uma bagunça em nossa vida.

   A. Como o legalismo diminui Deus?

   B. Como o legalismo bagunça nossa vida?

3. Sua salvação exibe a misericórdia de Deus. Não demonstra seu esforço, mas demonstra o dele.

   A. De que forma a salvação não demonstra seu esforço? Por que ela demonstra os esforços de Deus?

   B. Como alguns de nós tentamos adicionar outras coisas ao trabalho de Cristo?

Refletindo

1. Leia Isaías 48:10,11.

   A. Como Deus descreve seu cuidado para com as pessoas no versículo 10? Você consegue identificar isso? Explique.

B. Que razões Deus apresenta no versículo 11 para suas ações? Por que ele percorre caminhos tão longos para purificar uma pessoa para ele mesmo?

2. Leia Filipenses 3:7-11.

A. Quanto Paulo perdeu por conta de suas conexões com Cristo (v. 8)? Como ele se sentiu com relação à sua perda?

B. Como Paulo descreve sua justiça no versículo 9? De onde vem essa nova posição?

C. Como Paulo descreve sua maior esperança nos versículos 10 e 11? Isso descreve sua própria esperança maior? Explique.

Capítulo 11

MEU CORPO É PARA ELE

Contemplando

1. A frase egoísta "contanto que ninguém mais se machuque" parece nobre, mas a verdade é: não sabemos quem se machuca.

A. Por que a frase "contanto que ninguém mais se machuque" é descrita como sendo egoísta?

B. Por que não sabemos quem vai se machucar?

2. O sexo casual é uma dieta à base de chocolate — tem um gosto bom por um tempo, mas o desequilíbrio pode arruinar tudo. O sexo à parte do plano de Deus magoa a alma.

Guia de estudo

    A. Como o sexo casual pode arruinar uma pessoa? Do que se trata o desequilíbrio?

    B. Por que o sexo à parte do plano de Deus magoa a alma?

3. Administre a casa de Deus de forma tal que faça com que os pedestres parem e notem. "Quem mora naquela casa?", eles irão perguntar. E quando ouvirem a resposta, Deus será honrado.

    A. Quando foi a última vez que alguém lhe perguntou o equivalente a "Quem mora em sua casa"? Explique.

    B. De que forma Deus é honrado quando nos fazem tal pergunta?

Refletindo

1. Leia 1 Coríntios 6:12,13.

    A. Que diretriz Paulo usa para administrar sua liberdade em Cristo (v. 12)?

    B. Como o versículo 13 aponta para um evento futuro que irá dar forma a como vivemos hoje?

    C. De acordo com o versículo 13, para que o corpo se destina? O que isso significa?

    D. Como você pode honrar a Deus com seu próprio corpo?

2. Leia Romanos 6:12-14.

    A. Como você recusa em "deixar" o pecado reinar em seu corpo?

    B. De que forma oferecemos algumas vezes partes de nossos corpos para o pecado?

C. Como o pecado pode se tornar nosso mestre? Como podemos depender da graça de Deus para ter certeza de que isso não aconteça?

Capítulo 12

MINHAS BATALHAS SÃO DELE

Contemplando

1. O criador do céu e da Terra não pode lidar com o tráfego congestionado e prevenir maus casamentos? Claro que pode. Então, por que não o faz?

   A. Descreva a última vez que você questionou por que Deus não intervinha para impedir algum evento triste. Que resposta você deu?

   B. Como você responderia a uma pessoa que lhe fizesse a pergunta anterior?

2. Não coloque o sofrimento do mundo na raiva de Deus. Ele não está com raiva, ele não se atrapalha. Vá até a fonte de seus problemas e você não encontrará um Deus raivoso ou desonrado. Mas encontrará a soberania de Deus.

   A. O que significa para você o fato de Deus ser soberano?

   B. Se Deus é soberano, então por que não podemos culpá-lo pelo sofrimento do mundo?

3. Em vez de se ressentir com seu problema, explore-o. Pondere. E, acima de tudo, use-o. Use para a glória de Deus.

Guia de estudo

A. O que significa explorar seu problema em vez de se ressentir com ele?

B. Que tipo de problema você tem agora que poderia ser usado para a glória de Deus? Como ele poderia ser usado?

Refletindo

1. Leia João 9:1-38.

   A. Como a pergunta feita no versículo 2 se parece com as perguntas que ainda são feitas hoje em dia?

   B. Como Jesus responde à pergunta? De que forma a resposta dele surpreendeu a multidão?

   C. Como o homem responde a Jesus (v. 38)? De que forma isso glorifica Deus?

2. Leia João 11:1-45.

   A. Como Jesus respondeu à mensagem sobre Lázaro (v. 4-6)? Por que ele responde dessa forma?

   B. Maria e Marta entendem as palavras de Jesus no versículo 23? E nos versículos 38-40?

   C. De que forma a pergunta da multidão no versículo 37 continua sendo feita a respeito de todos os tipos de tragédia nos dias de hoje?

   D. Como os discípulos de Jesus, amigos e outros veem a glória de Deus, cômoda forma que Jesus prometeu nos versículos de 4 a 40?

   E. Qual foi o resultado da glória de Deus (v. 45)?

Capítulo 13

MEU SUCESSO É PARA ELE

Contemplando

1. Quando os estrangeiros se depararam com as fazendas cultivadas da Terra Prometida, Deus não queria que eles pensassem no fazendeiro, mas naquele que o fez. O sucesso deles anunciou Deus.

   A. Seu sucesso anuncia a Deus? Explique.

   B. Quais de seus conhecidos melhor anunciam a Deus? Como eles fazem isso?

2. Eles falharam em seu sucesso. Eles esqueceram tanto a fonte quanto o propósito do sucesso deles.

   A. Como é possível falhar no sucesso? Você já fez isso? Explique.

   B. Como você se lembra da fonte e do propósito de seu sucesso?

3. Por que você é bom no que faz? Pelo amor de Deus. Seu sucesso não se trata do que você faz. Tudo se trata dele — sua glória presente e futura.

   A. Em que você é bom? Como você usa seu dom pelo amor de Deus?

   B. De que forma o que você faz anuncia a glória de Deus? Como pode anunciar a glória futura de Deus?

Refletindo

1. Leia Deuteronômio 8:6-18.

Guia de estudo

A. Como Deus instruiu seu povo a responder pela sua boa fortuna (v. 10)? Essa ainda é uma boa ideia? Por quê?

B. Que aviso Deus deu a seu povo (v. 11-14)? Ele ainda se aplica hoje em dia? Por que sim ou por que não?

C. Que previsão Deus faz no versículo 17? Por que ele faz essa previsão?

2. Leia Salmo 44:1-3.

A. O que o salmista lembra nos primeiros dois versículos? Por que é importante nos lembrar de tais coisas?

B. Que lição o salmista ensina no versículo 3? Por que é importante sempre se lembrar dessa lição?

C. Por que Deus deu a seu povo a vitória, de acordo com o versículo 3? A mesma verdade nos dá vitória hoje? Explique.

Capítulo 14

PENSAMENTO ELEVADO

Contemplando

1. A filha desonrou o nome do pai, não usando uma linguagem vulgar, mas levando uma vida insensata. Continue assim que o prédio inteiro logo vai questionar o diretor-geral.

A. Como a falta de sensibilidade por parte dos filhos de Deus faz com que as pessoas tenham segundas impressões sobre ele?

B. Com quais questões de falta de sensibilidade você mais luta? Como você pode lidar melhor com essas questões?

2. Que Deus nos resgate de pensamentos egoístas. Que nós não tenhamos nenhuma meta além de ver alguém pensar mais sobre nosso Pai, nosso Rei.

A. Em que áreas da vida é mais fácil que você escorregue para um pensamento egoísta?

B. Que passos práticos você pode tomar hoje para ajudar outras pessoas a pensar mais de seu Deus do que eles pensam sobre você?

Refletindo

1. Leia Êxodo 20:7.

A. Como você normalmente interpreta esse mandamento?

B. Por que Deus está tão preocupado com o uso de seu nome?

2. Leia Mateus 25:14-23.

A. Por que é importante saber que o mestre havia saído fazia "muito tempo"?

B. Como o mestre responde ao primeiro dos dois servos (v. 20-23)?

C. Como você pode ser como os dois primeiros servos? Você espera que um dia ouça palavras similares a que eles ouviram? Explique.

Este livro foi composto em Bembo
12/16 e impresso pela Edigráfica sobre
papel Avena 80g/m^2 para a Thomas
Nelson Brasil em 2021.